日経文庫
NIKKEI BUNKO

ウェルビーイング

前野隆司・前野マドカ

日本経済新聞出版

はじめに

私たち夫婦が大学でウェルビーイング（幸せ、健康、福祉）の研究を本格的に始めてから一〇年以上になります。始めた当初は、まだSDGs（持続可能な開発目標）も始まる前でした。当時は、あやしい研究を始めたと訝《いぶか》しがられたものでした。あれから十数年。二〇二二年一月の日本経済新聞の記事に「2022年をウェルビーイング元年に！」という文字が躍る時代になりました。隔世の感があります。

かつて福沢諭吉は、著書『文明論之概略』のなかで、明治維新前と明治維新後の変化について、「恰《あたか》も一身にして二生を経るが如く、一人にして両身あるが如し」と述べました。福沢は生涯の前半三三年を封建制の江戸時代に、後半三三年を明治に生きた人です。まさに一人の身ながら二つのまったく異なる世界を生きた人だったのです。

ウェルビーイング元年前とウェルビーイング元年後を明治維新前後と比較するのは大袈裟ではないか、と思われるかもしれません。しかし、現代は、明治維新前とよく似た状況だと私は思います。

世界の歴史を俯瞰《ふかん》すると、人類はある面で同じことを繰り返してきたといえるのではないでしょうか。ある時代が続くと、制度が疲労し、既得権益が広がり、格差が拡大し、不満が広がります。社会の歪みが蓄積するのです。そんなとき、革命が起きたり、戦争が起きたり、恐慌が起きたりします。そして、蓄積された歪みが解放され、オールクリアされます。

面白い数字があります。明治維新(一八六八年)から七七年後が、第二次世界大戦の終戦(一九四五年)です。そして、終戦から七七年後は、二〇二二年なのです。

もうおわかりでしょうか。江戸時代末期は黒船をきっかけに幕府派と討幕派が争う時代でした。そんな歪みが一掃されたのが、明治維新でした。また、世界のパワーバランスの変化による歪みが爆発したのが第二次世界大戦でした。

つまり、社会は七七年くらい経つと、さまざまな歪みが蓄積して混乱するということなのではないでしょうか。社会秩序が老朽化し、格差が拡大するからです。また、七七年は人間の寿命に近い数値です。七七年前のことを知っている人が少なくなると、過去の過ちに学びにくくなることも、次の革命や争いが勃発することに影響するのではないでしょうか。

だからといって、二〇二二年に革命や戦争や恐慌が起きると予言するつもりはありません。しかし、人間の社会は八〇年くらい経つとあらゆる歪みが蓄積し混乱に至った歴史があるということは、教訓にすべきでしょう。

第1章で述べますが、私たちは、明治維新に匹敵する激動の時代のキーワードはウェルビーイングだと思っています。いや、明治維新以上の、人類二〇万年の歴史の転換点というべきだとも思っています。

では、私たちは時代の転換点をどのように生きるべきなのでしょうか。その問いへの答えを、研究、経営、地域、家庭、計測などの分野に分けて、「ウェルビーイング」の現状という形で、私たちの視点から解説しました。なるべく一般的な解説書になるように努めましたが、あくまで私たちの視点からの書であることはご理解いただければ幸いです。

なにしろ、現在は時代の転換点ですから、いろいろな考え方が出てきています。このため、異なる立場の論者・読者もいらっしゃるでしょう。そのような方は、こういう見方もあるのだと学ぶ機会にしていただければ幸いです。

もちろん、私たちは、人類史二〇万年という長期的視点から、現実を直視した短期的視点までを、私たちなりに総合的に俯瞰したうえで、ウェルビーイングについて公平かつ真摯に解説したつもりです。ウェルビーイングに関連したさまざまなことについて述べましたので、多くの方にとってヒントに満ちた書になったのではないかと思っています。

心より願っています。本書が、皆様の未来のために何かヒントになっていますように。皆様のライフ&ワークがウェルビーイングに満ち溢れたものでありますように。世界の生きとし生けるものが幸せでありますように。


本書は特に執筆を分担するというよりも、二人で対話しながら書き上げた共同作業です。本文のなかでは「私」または「私たち」という表現を使っています。「私たち」はもちろん二人ですが、「私」は夫婦のどちらかです。細かいことは気にせず読み進めていただければ幸いです。社会の最小単位はパートナーシップであり、私なのか私ではないのかという区別を超えるところからウェルビーイングは始まるのですから。

それでは、「ウェルビーイング」の世界への旅をお楽しみ下さい。

二〇二二年二月

前野隆司
前野マドカ

ウェルビーイング　目次

第2章　社会とウェルビーイング

第3章　ウェルビーイングの研究

第4章　経営とウェルビーイング

第5章 地域・家庭とウェルビーイング

第6章　幸福度の計測・向上事例

第1章

ウェルビーイングとは何か

1　なぜいまウェルビーイングなのか

ウェルビーイングの定義

いま、ウェルビーイングという考え方が注目されています。

このウェルビーイング、初めて言葉として登場したのは、一九四六年に設立された世界保健機関（WHO）の憲章です。設立者の一人である施思明《スーミンスー》氏の提案によるものでした。では、ウェルビーイングとは何でしょうか。訳語としては「健康」「幸福」「福祉」「よいあり方」などが当てられてきました。WHOの憲章における「（広い意味での）健康の定義」のなかで使われている単語です。

すなわち「健康とは、単に疾病や病弱な状態ではないということではなく、身体的、精神的、そして社会的に完全に良好ですべてが満たされた状態である」と定義づけられたなかの、「満たされた状態」がwell-beingという英単語です。「ウェル」と「ビーイング」ですから、直訳すると「良好な状態」なのですが、最近は「満たされた状態」と訳されることが多

図表1　ウェルビーイングとは何か

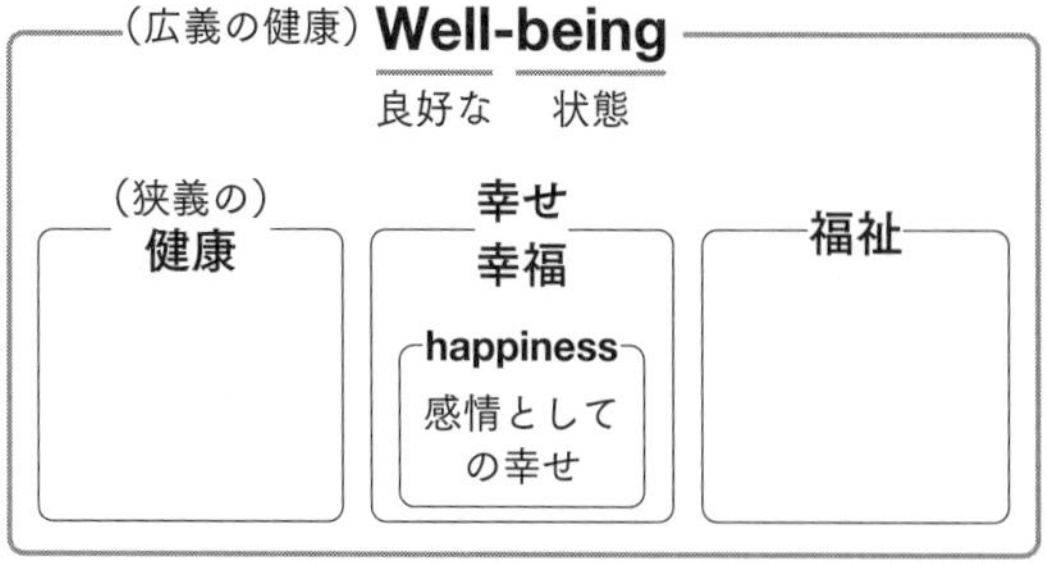

いようです（図表1）。

身体的、精神的、社会的に良好な状態を、広い意味で健康といいます。つまり、狭い意味での心身の健康だけでなく、心の豊かな状態である幸福と、社会の良好な状態をつくる福祉を合わせた、心と体と社会のよい状態がウェルビーイングです。したがって、「楽しい」「うれしい」など幸せの感情の一部を表す英語のハピネスとはニュアンスが違います。

そうした感情のほかに、例えばやる気、思いやり、チャレンジ精神、あるいは理念や夢に賛同する心など、やりがいやつながり、利他性などにも関係する状態をウェルビーイング、よい心の状態というのです。

ですから、もともとＷＨＯの定義にあった「広い意味での健康」とは、随分と広い意味に捉えるべき言葉であるということができます。

ウェルビーイングという言葉が、日本の学問分野ではどのように使われているかといえば、例えば医療系の学会では「健康」と訳されていますし、心理学者は「幸せ」と訳します。また、福祉関係の学会では「福祉」と訳されています。SDGsの目標3「Good Health and Well-Being」は「すべての人に健康と福祉を」と訳されています。

本書では、ウェルビーイングを「健康」と「幸せ」と「福祉」のすべてを包む概念として捉え、特に「幸せ」という要素を中心に解説していこうと思います。

医療や福祉の分野には「ヘルス」「ウェルフェア」あるいは「ウェルネス」という言葉もあります。「ウェルフェア」は福祉という意味で使われますが、「ウェルネス」の定義は「身体的、精神的、社会的に、相互に関連する多様な側面を意味する」となっていますので、本来的にはウェルビーイングと近い概念であるといえそうです。

ただし、文脈としては、ウェルネスは身体の健康という面で使われることが多く、心の健康・幸せの場合を表す言葉としてはあまり使われていないというべきでしょう。

とはいえ、一九四〇年代にはウェルビーイングという単語は健康に足場を置いていた単語であったのに、近年は幸せというニュアンスが広まっているというように、言葉は変化するので、この先どう変化するかはわかりません。結局のところ、ウェルネスとウェルビーイングは兄弟のような言葉だと捉えればよいと思います。

ハピネスとの違い

ハピネスは幸せな感情の一部を表し、ウェルビーイングはそれよりも広い意味でのよい状態を表すと述べました。

余談ながら日本語の「幸せ」は、もともと「仕合わせ」と書きました。これは「し」と「合わせる」を足した言葉です。「し」は「する」の連用形です。何かをして何かとめぐり合わせることが語源だったのです。もともとは、よい仕合わせばかりでなく悪い仕合わせもあるという使われ方をされていたようです。英語のハッピーとはルーツが違うのです。

ウェルビーイングの研究分野について、私たちは「幸福学」という言葉を使っています。英語では well-being and happiness study と呼ばれます。

心理学による幸せな状態に関する分析研究のことを幸福学（英語では subjective well-being）と呼ぶ場合がありますが、私（前野隆司）はもともと工学系出身なので、幸せなものづくりや、人々を幸せにする家づくり・町づくり、あるいは人々を幸せにする新しいサービスや会社の組織、幸せな教育などといった領域、さらには心理計測とは別に脳神経科学や情報科学にもとづくＡＩ（人工知能）や脳計測、バイタルデータの計測なども含めて「幸福学」の対象と考えています。

つまり、心理学的な基礎研究から、脳科学や工学、教育学や地域活性化、創造性といったあらゆる分野で人々のよりよい生き方や働き方に関する研究まで、すべてを含めて「幸福学」ないしはウェルビーイングの学術研究と定義しているわけです。

これに近い学問分野に、ポジティブ心理学があります。うつ病の研究者だったペンシルベニア大学教授のマーティン・セリグマンが創設した研究分野です。

うつ病は、もともとネガティブな心の状態になる病ですが、それだけではなく予防医学として、ポジティブな心の状態の人も、よりポジティブになる研究をすべきだということで始めた応用心理学の分野です。

ポジティブな心の状態を高めるということは、ウェルビーイングあるいは flourishing（繁栄）の状態、つまり心が華やかで前向きの状態を目指す心理学ということになりますので、幸福学と近い分野といえます。

時代をさかのぼること紀元前五世紀頃の古代ギリシャでは、アリストテレスなどの哲学者たちの間で幸福に関する二つの考え方があったといわれています。ヘドニア（快楽主義）とユーダイモニア（よき人生主義）という考え方です。

ヘドニアというのは、うまい物を食べる、競争に勝つといった短絡的、刹那的な楽しみ・喜びが幸せの源泉であるとする考え方です。一方、ユーダイモニアはもう少し長期のスパンで幸福を捉え、目的に向かって前向きに進むことや他の人々とともに生きる利他性のなかに幸福を求めるといった、いわば倫理性を備えた生き方といわれています。

極論すれば、ハピネスがヘドニアに近く、ウェルビーイングはユーダイモニアまでを含むといえそうです。現代の心理学は統計学にもとづく実証主義が基本なので、いまではヘドニア、ユーダイモニアのような分け方はしませんが、古代ギリシャでは科学的実証をするのではなく、哲学的に分けて考えていたということです。

ウェルビーイングという言葉の分類

ウェルビーイングという英単語は、おもしろいことに、アメリカ英語ではwell-beingとハイフンが入る傾向があり、イギリス英語や他のヨーロッパ諸国ではハイフンを入れずにwellbeingと書く傾向があります。あくまで傾向の話なので、すべてそうなっているとはいえませんが、どちらも正しい表現です。

wellとbeingという、もともと別の言葉の合体なのでハイフンをつけるということも考えられますし、ドイツなどのように、ハイフンをつけずに一連の言葉として扱う文化も関係するでしょうから、二通りの表現があります。

心理学では、主観的ウェルビーイング（subjective well-being）という言葉が使われます。健康や福祉と区別して、主観的に幸せを実感している状態を表すものです。つまり主観的な心の状態を捉えるのが主観的ウェルビーイングですから、心理学的用語で主観的幸福とも訳されます。まさにいま幸福を感じている状態です。

一方で、心理学的ウェルビーイング（psychological well-being）という言葉もあって、主観的ウェルビーイングとは少し違う意味です。

二〇一五年のディビッド・ディサバト氏の「Different Types of Well-Being? A Cross-Cultural Examination of Hedonic and Eudaimonic Well-Being」という論文によると、ヘドニアの主観的ウェルビーイングモデルと、ユーダイモニアの心理的ウェルビーイングモデルは、非常に近い傾向を示した、とあります。

つまり、主観的ウェルビーイングは前述のヘドニアに、心理学的ウェルビーイングは後述のユーダイモニアに関連していると考えられてきたのですが、分析すると近い傾向を示したということです。今後も、古代ギリシャのヘドニア・ユーダイモニアと現代心理学の諸概念との関係については議論が続いていくことでしょう。

また、ポジティブ・コンピューティング（positive-computing）という分野でもさまざまなウェルビーイングの定義が提案されています。

ポジティブ・コンピューティングとは、コンピュータを使って人が幸せになるようなアプリやソフトウェアをつくる分野です。人が幸せな心の状態になるための計算機応用なので、それをポジティブ・コンピューティングと呼びます。

渡邊淳司氏とドミニク・チェン氏が監訳した『ウェルビーイングの設計論――人がよりよ

く生きるための情報技術』（ビー・エヌ・エヌ新社）で提示された定義によると、I（私）のウェルビーイングからWe（私たち）のウェルビーイングへ、そしてソサイエティ、さらにユニバースのウェルビーイングへと、自分の周りに拡張していくことでそれぞれのレベルのウェルビーイングがあり得るとされています。

そのほかにも、医学的ウェルビーイングや快楽主義的ウェルビーイング、持続的ウェルビーイングという分類も紹介されています。つまり、いろいろな人がさまざまな分類をしています。

韓国では、ウェルビーイングという言葉が日本より前から流行っていました。二〇〇〇年頃から「웰빙（ウェルビン）」という発音で流行し、「웰빙족（ウェルビンジョッ＝ウェルビーイング族）」というフレーズは、健康志向の人々、ヘルシー志向族という意味で定着しています。

近年、女性雑誌では「ウェルビー女子」という表現が見られるようになりました。ウェルビーイング（幸せ、健康）を重視する女性という意味です。「ウェルビーイング」はカタカナで書くと長いので「ウェルビー」のみを抽出するのは興味深い方向性だと思います。これからも、いろいろな言葉がつくられていくことでしょう。

なぜいま注目されているのか――学問的理由と社会的理由

なぜいま日本でウェルビーイング、特に幸せという意味の主観的ウェルビーイングが注目されているのでしょうか。それには学問的な理由と社会的な理由があります。学問的理由は、主観的ウェルビーイングについての研究が盛んに行われるようになり、理解が深まってきたことにあります。

一九八〇年代以来、心理学者を中心としてさまざまな研究が行われており、最近では研究論文の数も急激に増えています。特にウェルビーイング＆ハピネスという研究分野では、米英を筆頭に欧米がこの分野をリードしています。それに近い分野として前述のポジティブ心理学の研究も進みました。

これらによって、例えば幸せな人は創造性が三倍高いこと、生産性が一・三倍高いこと、寿命が七年から一〇年長くしかも健康であることなど、多くのことがわかってきました。これらが社会に知られるにつれ、ウェルビーイングへの注目が集まってきたといえるでしょう。

もう一つの社会的な理由は、時代の変化とともに地位財から非地位財へと価値観が移ってきたことにあります。地位財とは、カネ、モノ、地位のように、他人と比べられる財です。これに対して非地位財とは、幸せや健康など、他人と比べるものではなく自分のなかで昇華させる財です。つまり、モノの豊かさから心の豊かさへと時代の要請が変化してきたということです。

この価値観の変化は、二〇世紀の終わりにはすでに起きていました。モノの豊かさを目指していた右肩上がりの時代は高度成長期までで、日本では少子高齢化が進んでいます。世界的にも、環境問題や貧困・格差の問題など、単なる右肩上がりの成長を目指すべきではない理由がいろいろと生じています。すでに成長の限界が来ているのです。

以上のように、学問的にウェルビーイングに関する多くの研究が行われてきたことと、社会の大きな流れが合わさって、いまウェルビーイングに注目が集まっているのです。

2　現代社会が求めるウェルビーイング

ウェルビーイングとSDGs

前述のように、二〇三〇年までの世界の行動指針であるSDGsの目標、その三番目に「Good Health and Well-Being」（すべての人に健康と福祉を）があります（ここではウェルビーイングは福祉と訳されています）。この扱いからすると、ウェルビーイングはSDGsの一部と見ることもできます。しかし、SDGsで取り上げられたウェルビーイングは、「健康」と「福祉」の意味合いが強いというべきでしょう。

一方、本書で扱うウェルビーイングは「健康、幸せ、福祉」を包含した概念ですから、SDGsの上位概念だと考えることもできます。

なぜなら、貧困も飢餓もなく、健康で豊かな教育が授けられ、快適な環境での生活が維持されるなど、人類に限らず地球上のすべての生物がよりよく生きるためにSDGsの各目標があると考えるならば、一七あるSDGs目標全体を包括するものが人類や生物のウェルビーイングであると捉えられるからです。

いま、ＳＤＧｓが注目を集めています。貧困、飢餓、教育、差別、食料、衛生、エネルギーや環境問題などに、世界規模で取り組もうというものです。

アダム・スミス以来の資本主義の考え方の基本は、個人が、あるいは国が、それぞれ自分の成長だけを目指して勝手に行動すれば、市場原理によって全体としての成長につながる、というものでした。

しかし、地球に人間の好き勝手を許す余裕がなくなってきた現在、貧困や飢餓、食料や環境の問題は、それぞれが勝手にやっていたのでは解けない段階まで来てしまっています。だから世界中で地球規模の観点から、ＳＤＧｓ目標のゴールを目指そうという機運が高まっているのです。

自分の豊かさだけを追い求めるという従来の価値観が通用しなくなり、地球規模でよりよい社会をつくるという規範を設けなければならない時代が来ている一つの証左が、ＳＤＧｓ活動といえます。

人々がより幸せに生きるためのよりよい社会をつくる。これこそ、広い意味でのウェルビーイングであり、一七の目標を包含する上位概念といってよいのではないでしょうか。

他方で、ソサエティ5・0という考え方もあります。狩猟採集社会がソサエティ1・0、農耕社会が2・0、産業革命による工業化社会が3・0、そして情報化が4・0。次に来る5・0は、サイバー空間とフィジカル空間を高度に融合させたシステムを用いて、経済発展と社会的課題の解決を両立する人間中心の社会を目指すものです。

本来、どのフェーズも人間が中心にいなければならないはずですが、工業化によって労働させられる立場になったり情報化に翻弄されたりと、徐々に人間の主体性が失われたという反省のもとに、ソサエティ5・0は、まさに人間が主役となる社会にすべきではないかと、日本が目指すべき未来社会の姿として第5期科学技術基本計画でも提唱されています。

この動きもウェルビーイング社会の到来と捉えることができます。

人類は、狩猟採集から農耕へと成長を目指し、農耕のなかでも単位面積当たりの収穫量を増やすなど、さらなる成長を目指した末に、産業革命による工業化で飛躍的成長を遂げ、情報化社会では人間の一層の能力拡大を目指すなど、飽くなき拡大路線をひた走ってきました。

しかし、ここへ来てようやく拡大ではなく調和を目指そうとする動きが出てきています。これは農耕革命以来の大きな変化といえるでしょう。そしてそれがウェルビーイングの時代ともいうべき段階なのです。

人口増加と定常化のサイクル

米国の生態学者ディーヴェイ氏が仮説的図式として表した、世界人口の超長期推移のグラフがあります。このグラフは、人類の登場からいままでの世界人口の増加傾向を示すもので、一〇〇万年前から現在までが三つの段階に分かれており、いずれの段階も、増加を示した後に増加期間よりも長いフラットな定常化期があるのが特徴です。

ディーヴェイ氏の図をもとに、京都大学こころの未来研究センターの広井良典教授が描いた「人類史における拡大・成長と定常化のサイクル」と題する図があります。こちらも、人類誕生から現在までの三段階の上昇と、増加後の長い定常化を模式的に表したものです（図表2）。

二〇万年前に誕生した人類は、最初、狩猟採集で生活します。先述のソサエティ1・0

図表2　人類史における拡大・成長と定常化のサイクル

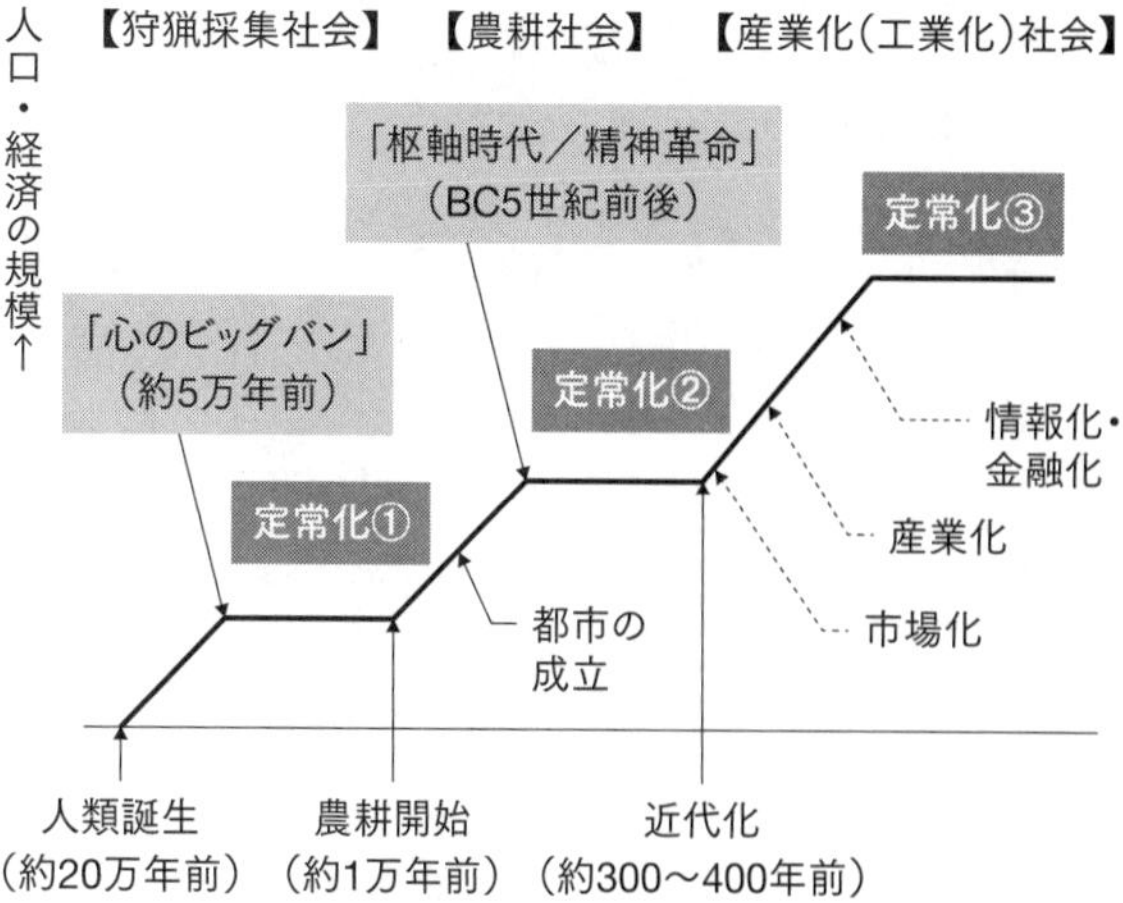

出所：『人口減少社会のデザイン』広井良典、東洋経済新報社

の段階です。食料が潤沢な間は人口が増えますが、食料に対して人が増えすぎると、増加は止まり定常化①するわけです。そこで農耕が始まり、再び人口は増加します。ソサエティ2・0です。やがて農業にも限界が来て定常化②します。

次には工業が起こって産業革命を経て情報化・金融化へと続くソサエティ3・0、4・0となり、再び人口が増えます。しかし、その後に地球環境の限界が到来します。日本も、育児コストの高さと女性の再就職の難しさが壁となって、出産数の減少による少子化が進み、定常化③に向かいます。

私たちは近代化から約三〇〇年間、増加傾向社会を生きてきました。日本には鎖国の江戸時代があるものの、明治維新以来一二〇年間は成長社会の坂を上ってきました。しかし、成長社会が終わると、閉塞感のある衰退社会が待っていた、ということでしょうか。日本は、バブル崩壊以降、少子化も進んで成長が止まり、GDPも三位に落ちて、すでに閉塞感のある時代だと考えることもできるでしょう。

しかし、人類史的に見ると、定常化の社会は決して衰退社会ではありません。一度目の定常化社会は心のビッグバンといわれる五万年前ですが、実は人類が壁画などのアートを発明した時期でした。

つまり、人口増加中は狩猟採集に忙しく、いわゆる経済成長重視だった人たちも、成長が止まると時間が生まれ、心にゆとりもできて、壁画や構造物に取り組むようになり、人類の文化が栄えたということのようなのです。

定常化社会で文化が栄えているときに温暖化が生じ、農耕が発明されました。人口は増加に転じます。また、余剰農作物を蓄積できるようになります。その結果、貧富の差が生まれ、さらには支配者と奴隷といったような階層ができ、社会格差が拡大します。

農耕による経済成長も、やがて限界が来て止まります。二度目に定常化した紀元前五世紀前後は枢軸時代と呼ばれます。

枢軸時代というのは、ギリシャではソクラテス、プラトン、アリストテレスの活躍した時代です。インドではブッダが生まれ、中国では孔子、老子、荘子、孟子などの諸子百家が輩出した時代でした。つまり、古代の文明都市に哲学、思想、あるいは宗教が生まれた時代です。紀元前五世紀前後は精神革命の時代なのです。

キリスト教の誕生にはまだ五〇〇年ほど待たなければなりませんが、そこにつながる古代ギリシャ文化やゾロアスター教などの宗教の始まりはこの前後です。

経済成長から心の成長へ

定常化の時代に、芸術が栄えたり思想が芽生えたりすることがわかりました。その目で世界の今後を展望すると、どう見えるでしょうか。経済至上主義の観点から見ると衰退に見える世界ですが、見方を変えると、むしろ文化が花開く時代です。三度目の定常期は、豊かな成熟期であると考えるべきではないでしょうか。

日本は世界に先駆けて人口減少が起こっていますが、見方を変えれば、人類史二〇万年における三回目の定常化への曲がり角を最初に曲がろうとしている国であるともいえます。

この三〇年ほどはすでに成長が止まっていますから、日本は定常化の曲がり角にトップランナーとしてすでに飛び込んでいるというべきかもしれません。しかし、この曲がり角は日本にだけ用意されたものではありません。少子化、食糧危機の波は、数十年後、百数十年後には人口増加中のアフリカも含めて世界すべてを飲み込みます。世界人口は数十年から百数十年後には減少に転じると考えられています。

これは人類史の必然です。興味深いことに、日本は、かつての世界の大きな潮流にいつも遅れて飛び込んできました。例えば世界の農耕開始は約一万年前ですが、日本に農耕民が登場したのは約三〇〇〇年前ですから、七〇〇〇年遅れです。産業化も英国から遅れること約一五〇年です。

このように、増加期に常に遅れて参入した日本が、今度は先に定常化に向かっているわけです。産業化で後れを取っていた間、日本は世界に誇る浮世絵やわびさびの茶道などを確立する文化的な時代を過ごしていました。その意味では、定常時代の長い国と見ることもできます。そんな日本が、世界に先駆けて三度目の定常化を迎えているのです。

人口増加時代と定常時代は、経済成長時代と心の成長時代といえます。経済成長から心の成長へというステップを二度繰り返した後の、三度目の経済成長の次に来る三度目の心の成長期へと、また入っていくのです。心が成長する時代というのは、心の豊かさを目指す時代です。人間性を高める時代に向けて、日本はいま、その一番手にいると考えることもできるのです。

こうした状況を踏まえて、国連の提唱する世界的な取り組みであるMDGsやSDGsを見てみましょう。現在進行中のSDGs。これは興味深い名前といえます。サステナブルとは、いわば定常時代のことです。デベロップメントは開発という右肩上がりの概念なので、SDGsは維持と開発という相反する概念を組み合わせた目標ということもできるのです。

2000年から始まったMDGsは、「格差をなくすために途上国も発展させよう」がゴールでした。それに続いて2015年から始まったSDGsでは、先進国も含めてサステナブルなデベロップメントを目指しています。

こう考えると、定常化が進んだSDGsの次のゴールは、WGs、つまりウェルビーイング・ゴールズとなるべきではないでしょうか。

もちろん格差解消の視点からデベロップメントという言葉は残るかもしれませんが、そろそろ人類の全体的なトレンドとして、人類が地球とともによりよく生きるには開発がすべてではないとする考え方に変わっていくべきだと思います。

これは、ルネサンス時に見られた、古代ギリシャ（かつての定常期の繁栄）に学ぼうという動きと似ています。

もちろんただの懐古主義ではなく、テクノロジーも駆使しながら、例えばクールジャパンのような新しいものと伝統工芸や伝統芸能、哲学・思想などが融合して新たな文化が生まれる時代の到来とも考えられます。つまり、ウェルビーイング産業とも呼ぶべき産業が進展する時代です。

現在、健康産業と呼ばれる産業があります。医学の発展につれて予防医学としての健康学が発展し、健康意識も高まるなかで、スポーツ、フィットネス、ヨガから食物、睡眠に至るまで、健康産業の分野は大きな広がりを見せています。

同様にいま、「幸せ」という意味でのウェルビーイング、つまり心の幸せを目指した産業がすでに進展しはじめています。例えば、企業における研修やコーチング、オンライン・オフラインでの学びに関するもの、市民大学、YouTube や instagram、clubhouse、voicy などの上で繰り広げられるコンテンツに至るまで、心をよりよい状態にしようという動きは始まっています。

また、従来のモノによる経済的繁栄を目指す流れから、人や地球環境をよりよい状態にすることを重視したSDGsのようなトレンドへと、シフトが始まっています。

ESG投資という流れもあります。環境（Environment）、社会（Society）、統治（Governance）に配慮するという意味です。すなわち、投資をする際に、単なる儲けのための投資ではなく、環境によいことをしている会社に投資する、社会への貢献度の高い企業に投資する、といった動きです。こうした動きは、今後さらに盛んになっていくと考えられます。

限界を迎えつつある資本主義

このトレンドは、近年、日本よりもヨーロッパのほうが顕著な傾向があります。環境への配慮のない企業、児童虐待につながる労働現場を持つ企業、社会的不正義を疑われる企業などからはものを買わない、投資をしない、といった活動が、ヨーロッパでは盛んになりつつあります。日本に対しても、火力発電でCO_2を出しすぎていると厳しい批判の目が向けられています。

ウェルビーイングは、個人を対象にするだけでなく、個人と社会と地球のよりよい状態を総合的に考えるものなのです。ですから前述の通り、SDGsも包含するような概念だといえるのです。

心の幸せを求める世界でのトレンドの一つは、人の感性や創造性に訴えかけ、他者とのつながりを大切にする、という流れです。つまり、経済成長から心の成長へ。

では、心の成長とは何でしょうか。過去から学べば、音楽や美術、武道、仏道、茶道、華道といった文化、芸術に寄り添ったものになるのではないでしょうか。伝統芸能や伝統工芸もここに含まれます。また、ここにAIやテクノロジーも介在すべきでしょうし、クールジャパンのような現代的な文化・芸術も一翼を担うでしょう。

もちろん、それらを、金銭的欲求を満たすためだけに展開するのではなく、それ以上に環境への配慮を含めた社会性や公共性、人々の生活の文化的な質を高める方向、すなわちウェルビーイングが高まるほうに価値がシフトしていくのではないかと思います。

ここでもう一度、ウェルビーイングを真に理解していただくための注意点を述べておきましょう。これからのウェルビーイング産業の隆盛を、五年スパンほどの流行《はや》り物のように捉えるならば、ウェルビーイングの正体を見誤るでしょう。

前述の、人類誕生から現在までをトレースした図表2を思い出してください。二〇万年の人類史という大きな視点で見て、三度目の定常化にさしかかっているのです。

世界は産業革命以来、物的欲求を満たすことを第一義とする経済成長至上主義、個人主義的なトレンドが三〇〇年近く続いてきました。個が潤えば市場の原理が働いて全体も潤うようになる、という資本主義の原理によって発展してきた三〇〇年だったといえます。

しかし、経済規模が膨れ上がるとともに、環境問題や貧困問題などのグローバルイシューが肥大化した現在では、従来の資本主義、個人主義の考えは、そのままでは通用しなくなってきました。つまり、従来の資本主義は限界に来ているということです。

新時代の行く手を示す人たち

こうした閉塞状態にある資本主義に対して、大阪市立大学大学院准教授で経済思想史が専門の斎藤幸平氏などのように、この先は共産主義の進化型を目指すべきと批判的に捉える意見がある一方、前述の広井良典京都大学教授のように資本主義の範囲内でウェルビーイングを主体に考えていくべきと唱える意見もあるなど、さまざまな考え方が出てきています。

広井氏はその主張のなかで「地球倫理」という言葉を使い、地球のことを真剣に考えるような時代になれば今後も資本主義の枠内で進展していけるとしています。

世界に目を転じても、統計学や経済史的視点から経済的不平等を研究するフランスのトマ・ピケティ氏や、『サピエンス全史』で石器時代から現代までの人類の進化を綴《つづ》ったイスラエルのユヴァル・ノア・ハラリ氏など、大きく人類全体を俯瞰しようとする流れが出てきているのは、いま真に人類の転換期にさしかかっているからだと思います。

ここで興味深いのは、人類史的大きな視点で述べる人も、ソサエティ1・0〜5・0のように三〇〇年のスパンで見る人も、さらに短くリーマンショック後のような視点を取る人も、同じくウェルビーイングの時代が来たと捉えていることです。

経済成長に偏りすぎ、個人主義、資本主義、自国中心主義に走りすぎた反省がいっそう顕著になった結果として、ルネサンスやロマン主義の頃とも似て、過去の豊かさに学ぼうとする時代が来ていると考えられます。

いまの世情を見ていると、とてもそうは見えない、と考える人もいるでしょう。極端な自国中心主義のトランプ前大統領の出現や、英国のＥＵ離脱、専横に走る中国など、むしろ現代社会では自分主義、自国中心主義が拡大しつつあるようにも見えます。これもやはり時代の転換点を表す現象なのだと思います。

要するに、自国の利益を守るために保守的な従来型に戻そうとする主義勢力から、ピケティ氏、ハラリ氏、広井良典氏、斉藤幸平氏のように新しい時代が来るとする革新的な考え方まで、つまり、保守から革新まで考え方が非常に多様化している時代、極論すれば混沌の時代なのです。

先が読めないＶＵＣＡ《ブーカ》（Volatility, Uncertainty, Complexity, Ambiguity）の時代ですから、どうすればよいのかがわからない。だから、いろいろな考え方が出てくるのは当然です。このなかからどれかが淘汰されていくことでしょう。

私たちは、これまでも定常期は心の時代であったように、ウェルビーイングの時代になるだろうと考えています。同様に考える人が増えているから、ウェルビーイングが注目を浴びているといえるでしょう。

政治、経済、哲学、教育、実業界など、各界で大きな議論が巻き起こっています。公共政策の鈴木寛東大・慶大教授は時代の大きな転換を「卒近代」と呼び、実業家の原丈人氏は公益資本主義と呼びます。いずれも周りの世界と地球への配慮を重視する資本主義に転換すべきとの主張です。

海外でも、ダボス会議のクラウス・シュワブ会長はグレート・リセット、すなわち産業革命以来の成長主義をリセットすべきと発言しています。社会活動家のジョアンナ・メーシー氏はグレート・ターニングと呼んで、農耕革命、産業革命以来の三つ目のターニングポイントであるという視点を披瀝しています。

シューマッハ・カレッジの校長サティシュ・クマール氏は、スモール・イズ・ビューティフルというE・F・シューマッハ氏の言葉を用いて、大地とともに生きるべき時代の到来を強調しています。電子マネー「eumo（ユーモ）」をつくった新井和宏氏は、共感資本社会への転換を目指すべきだと述べています。

千葉大学大学院教授の小林正弥氏やハーバード大マイケル・サンデル教授は、共同体主義への転換の必要性を強調します。京都大学教授の内田由紀子氏は集団的幸福という概念を打ち出し、慶応義塾大学医学部の宮田裕章教授も、同様の概念で co-being と協調的・調和的な生き方が大切であることを謳っています。

それぞれ分野や視点が異なっているので違う考え方のように見えるかもしれませんが、いずれも、経済成長重視の時代からウェルビーイングの時代への大きな転換点について語っているものだといえるでしょう。今後、さまざまな議論を通して、ウェルビーイングの時代への大転換は進展していくでしょう。

第2章

社会とウェルビーイング

1　仕事の現場とウェルビーイング

健康経営と働き方改革

人類史的な話から職場の話に視点を変えましょう。いま、職場のウェルビーイングに注目が集まっている理由は、前述のように、学問の進歩と時代の潮流が関係していると考えられます。

日本では、そのほかに二つの理由が考えられます。一つは健康経営、もう一つは働き方改革です。

健康経営は字義通り働く人の健康に留意して経営を行うことなのですが、経済産業省が掲げる健康経営は、もっと広い意味を持っています。従業員の活力向上や生産性の向上、組織の活性化や業績向上、さらには株価向上など、単なる身体的健康のみならず、もう少し幸せに踏み込んだことを謳っています。

しかし、健康経営の活動の実際を見ていると、運動や食生活の注意など、身体の健康にとどまりがちな場合が多いのではないでしょうか。

　最近、私たちも、健康経営に関する会に呼ばれて話をする機会が増えましたが、多くの企業が経産省の通達を見て、従業員の身体が健康であれば、無理も利くから生産性が上がるという狭い意味での健康と理解しているように思えました。

　そこで私たちは、ただ身体の健康だけではなく、ウェルビーイング、すなわち広義の健康が大切なのだと説いてきました。事実、幸せな人は活力が高く、生産性も創造性も高いなどの研究結果が出ています。

　心と身体の健康は生産性や創造性や業績に直結しているので、健康経営をウェルビーイング経営と呼ぶならば、健康経営もずっと広がりを持つと思います。

　働き方改革も同様です。働き方改革は当時の安倍首相が一億総活躍社会を実現するための一環として導入したものです。

　その考えは、少子高齢化による働き手減少への対策として、女性や高齢者を職場に取り込み、非正規雇用も含めて賃金を引き上げ、長時間労働を是正することによって働きやすくするというもので、その結果、ＧＤＰを再び右肩上がりに戻そうという目論見でした。この政策の文章にはウェルビーイングという単語は出てきません。

しかし、残念ながらこの施策によって企業の従業員が幸せになったという話はあまり聞きません。もちろん、時短やダイバーシティ推進などの効果が上がっている企業もあるでしょう。しかし、ネガティブな事例に着目すると、残業は許されず無理やり早く帰るようになり、逆に就業時間中は時間に追われ、会話の余裕もなくコミュニケーション不足となって、おまけに残業代が入らず収入が減った、という話も聞きます。

すでに述べてきたように、幸せな従業員は生産性も創造性も高いわけですから、本来はウェルビーイングを高める働き方改革を目指すべきではないでしょうか。

健康経営にも働き方改革にも、ウェルビーイングという観点をより積極的に入れていくべきなのです。そこで、最近では、企業や国の担当者たちも、当初の施策にウェルビーイングの視点を付け加えることによって、健康経営や働き方改革を促進しつつあるといえるでしょう。

ギャラップによる分類

次に、ギャラップが行う個人の意識調査に通底するウェルビーイングの要素を見ていきましょう。ギャラップの調査手法には、次に挙げるウェルビーイングの五つの要素が使われています。

① キャリアの健全性（Career Well-being）
「自分でこのキャリアと仕事を選んでいる」という自己選択と納得感があるか

② 関係性の質（Social Well-being）
家族、職場、友人など、生活のなかで他者との深い関わり合いを持つことができているか

③ 財務の管理（Financial Well-being）
支出や収入をきちんと管理・運用することによって、経済的に満足できているか

④ 心の健康（Physical Well-being）
身体的、精神的に健康な状態であるか

⑤　地域社会とのつながり（Community Well-being）
地域社会と関わりを持ち、住んでいる地域に根ざしていると感じられているか

これまで、ウェルビーイングの分類を学術的に研究している例を紹介してきましたが、ギャラップのような調査会社でも、こうしてウェルビーイングという言葉を使い、分類して活用しているのです。ビジネス社会でもウェルビーイングという言葉がさまざまに使われているということの一例として紹介しました。

デジタルウェルビーイング

前出の『ウェルビーイングの設計論』では、三つの観点が提唱されています。それは、心身の機能が不全でないかを問う「医学的ウェルビーイング」、現在の気分の良し悪しや快・不快など、一時的かつ主観的感情に関する領域の「快楽主義的ウェルビーイング」、心身の潜在能力を発揮し、意義を感じている状態を指す「持続的ウェルビーイング」の三つです。

また、デジタルウェルビーイングという概念もあります。ネット社会、スマートフォンの

普及とともに、スマホ依存症、ガジェット依存症の問題が注目されるようになりました。

グーグル（Google）の調査結果によると、インターネットユーザーの約七〇%が、デジタル機器に触れている時間が多すぎて自分本来の生活ができずに悩んでおり、スマホやインターネットへの依存が健康や生活に影響すると指摘されています。ネットデジタルの使いすぎはウェルビーイングを阻害するのではないか、との議論も起きています。

グーグルが提唱するウェルビーイングは、デジタル機器に翻弄されることなく、テクノロジーと実生活の適切なバランスを図り、デジタル利用のメリットを享受する、というものです。デジタルデトックスという言葉も耳にするようになりましたが、要するに、メリハリのきいたデジタル機器の使用を心がけることが、デジタルウェルビーイングの第一歩といえます。

日本のテクノロジーの場ではまだウェルビーイングという言葉は耳新しいものかもしれませんが、例えば、米国のＭＩＴ（マサチューセッツ工科大学）のメディアラボなど、テクノロジー最先端の現場では、当たり前のように頻繁に使われる言葉になっています。日本でも遅ればせながらウェルビーイングの認知が高まってきたといえるでしょう。

2　政治とウェルビーイング

各国のウェルビーイング事情

政治とウェルビーイングの関係について述べましょう。そもそも日本国憲法一三条に、幸福追求権が謳われています。

「すべて国民は、個人として尊重される。生命、自由及び幸福追求に対する国民の権利については、公共の福祉に反しない限り、立法その他の国政の上で、最大の尊重を必要とする」

これが基本的人権の幸福追求権ですが、法律家に聞いたところ、この幸福追求権は憲法以外のどの法律にも条文はないそうです。どの法律でも解決できないような事例が出てきたときに、幸福追求権が最後の砦として切り札的に使われることはあるものの、人々が幸福になるためにどうするかという具体的な法律はないとのことです。

幸福度を下げる一番の要因は孤独・孤立です。日本でも二〇二一年に、世界で二番目となる孤独・孤立対策担当大臣が設置されました。ウェルビーイング政策の一歩と言えるでしょう。

　また、自民党では、国会議員の下村博文氏、上野通子氏らが中心となって、日本well-being計画推進特命委員会が行われており、私も有識者として参加しています。政治にウェルビーイングの視点がさらに採り入れられることが期待されます。

　英国では二〇一〇年に、当時のキャメロン首相が国家としてウェルビーイングに取り組むと宣言して、統計局がウェルビーイングを計測するようになりました。つまり、GDPばかりを重視していた従来政策から、国民の幸福度（GDW〔Wellbeing〕）も数値にして「見える化」しようとの試みです。ちなみに英国では、二〇一八年に孤独・孤立担当大臣を置いています。

　ニュージーランドでは、国民の幸せは国の義務と考え、二〇一九年より、幸せをコンセプトに入れた予算「ウェルビーイング・バジェット」を取り入れています。国民の生活水準を向上させる取り組みに予算をつけるとしています。

　ウェルビーイング・バジェットは五つの基軸からなります。内容は、①メンタルヘルス支援、②子どもの幸せをサポート、③マオリ族と南太平洋諸国系民族の生活向上、④イノベーティブな国家創生、⑤サステナブルな経済社会への移行となっています。政治の枠組みなので抽象度も高いのですが、広い意味でのウェルビーイングを考慮した政策を行うということです。

ブータンは、GNH（Gross National Happiness）の増大を目指すと宣言しています。

ブータンは仏教国で、チベット仏教の一種であるブータン仏教を信仰する国です。仏教とは、基本的に心の平静を求める宗教ですので、ブータンがよりよい心の状態、つまりハピネスを目指すことは、仏教国として違和感はなかったのです。

一般に、ブータンは世界一幸せな国と捉えられることがありますが、そうではなく、世界に先駆けてハピネスという概念を政治目標に取り入れた国ということなのです。

ブータンは、中国とインドに挟まれた小国で、いまも中国との国境紛争が続き、インドの支援を仰いでいる現状にあります。このため、その存在感を示すためにも、幸せを目指すという理念を掲げている国だと国際社会にアピールし、自分たちの立場を明確にしているという政治的な意図もあるといわれています。

ブータンの通貨はインドの通貨と交換可能で、経済的にはインドに頼っています。中国の侵略を防ぐためにインドと手を組む戦略を取るなかで、GNH政策を掲げているのです。

チベット仏教の一部であるブータン仏教では、「世界の生きとし生けるものが幸せでありますように」と日々祈ります。日本人は神社仏閣で個人的な願いを祈りがちですが、ブータンではまず世界の幸せを祈るのです。そうした利他性（慈悲の心）を含めて、仏教的な幸せ感の高い国だといえるでしょう。

地域・団体での取り組み

ウェルビーイングをキーワードとする新たな経済の概念をもとに、Well-being Economy Governments というユニオンも結成されています。加盟しているのは、スコットランド、ニュージーランド、アイスランド、ウェールズ、フィンランドで、国や地域としてウェルビーイング・エコノミーの理解を深め、推進することを目指しています。

ウェルビーイング・エコノミーは、自然へのアクセスや社会参加、コミュニティーのつながりや公平さといった、人間にとって必要とされるニーズを満たすことが大切、というコンセプトにもとづく活動です。世界ではこのように、国として取り組むのみならず、国家間連合を形成する動きも出はじめているなかで、日本を含むアジアはどちらかといえば出遅れている印象があります。

経済協力開発機構（ＯＥＣＤ）においても、新たな教育のフレームワーク「教育２０３０」には、全人類の繁栄や持続可能性、ウェルビーイングに価値を置いて、それらを重視した教育をすべきだと明記されています。つまり、個人と集団双方のウェルビーイングに資する教育をすべきということについて、教育分野においてウェルビーイングに関する活発な議論が行われています。

ＯＥＣＤではまた、所得、住宅、健康、教育、環境、安全など、一一分野について加盟各国の状況を報告するBetter Life Index調査を定期的に行っています。そのなかの一つとして、「主観的幸福（Life Satisfaction）」がテーマとして取り上げられています。そこで測られた各国の幸福度も、雇用不安、寿命、成人の技能、健康状態の認識など、いくつかの指標に分けて数値化されて発表されています。

日本の自治体での興味深い取り組みとして、「幸せリーグ」という活動があります。「住民の幸福実感向上を目指す基礎自治体連合」といって、例えば東京都荒川区では、区民総幸福度（GAH）という主観的な満足度指標を政策目標に取り入れ、地域住民の満足度を基準にした政策評価・政策立案に取り組んでいます。ちなみにGAHはグロス荒川ハピネスの略で、ブータンを手本にしていると思われます。荒川区のほか、鎌倉市や熊本市など、幸せを目指す自治体は各地でさまざまな活動をしています。

幸せリーグのほかにも、私たちが関わってきた埼玉県横瀬町《よこぜまち》（小中学校でウェルビーイング教育を実施）、神奈川県鎌倉市（ウェルビーイングリサーチオフィサーとして活動）、埼玉県さいたま市（シンカ推進会議に参加）、神奈川県寒川町《さむかわまち》（総合計画策定に参画）、高知県佐《さ》川町《かわちょう》（総合計画に関する活動に協力）、宮崎県新富町《しんとみちょう》（こゆ財団の活動に協力）、長野県小布《おぶ》施《せ》町《まち》（ソーシャルデザインセンターを設置）など、ウェルビーイングに関するさまざまな活動が行われています。

第3章

ウェルビーイングの研究

1　多彩な研究者

エド・ディーナー――ドクター・ハピネス

主観的ウェルビーイングについては心理学をはじめとするさまざまな分野でいろいろな研究者が研究を行っていますが、なかでも米国の心理学者、故エド・ディーナー氏が先駆的な研究者といえるでしょう。一九八〇年代から二〇二一年まで、ウェルビーイング、幸せに関する多くの研究を行いました。例えば「人生満足度尺度」（ＳＷＬＳ：Satisfaction with Life Scale）の開発が有名です（あとで詳しく述べます）。ドクター・ハピネスの異名を持ち、ハピネス研究といえばエド・ディーナーというほど有名な研究者でした。幸せと性格の関係、幸せと収入の関係、幸せへの文化の影響など、さまざまな研究を行ったウェルビーイング研究の第一走者です。

主観的ウェルビーイング研究がなぜ一九八〇年代から始まったかというと、コンピュータの進歩が影響しているといえるでしょう。フロイトやユング、マズロー、アドラーなど、それまでの心理学は、考えに考えた末に答えを導き出すという一種の哲学でした。しかし、一九八〇年代頃になって、コンピュータで統計処理ができるようになり、新たな学問が芽生えたのです。

統計学的な研究手法を手に入れたおかげで、心理学の一部がサイエンスに変わりました。例えば、幸せと何が相関するのか、あるいは実験の前後でアンケート結果がどのくらい変わったのか、などの値を、計算できるようになったのです。そのための基礎的な業績の一つが前述の「人生満足度尺度」です（図表3）。

これは、幸せを測るためのアンケートで、五つの質問それぞれに七段階の答えを選んでもらう形式になっています。合計して、すべて1なら最低の5点、すべて7なら最高の35点となります。日本人一五〇〇人に聞いた結果（図表4）はきれいに正規分布しています。平均が18・9ですから、皆さんもやってみて18・9より高ければ日本の平均より高く、低ければ幸福度が低いということになります。

測ってみるとわかりますが、心理学の研究では個人差の影響が大きく出ます。楽観的な人はほとんどの面で7と書くかもしれないし、慎重な人は3と低めに書くかもしれない。人生

図表3　あなたの人生の満足度は？

a～eに対して、それぞれ当てはまる数字を記載する。

1まったく当てはまらない／2ほとんど当てはまらない／3あまり当てはまらない／4どちらともいえない／5少し当てはまる／6だいたい当てはまる／7非常によく当てはまる

a	**ほとんどの面で、私の人生は私の理想に近い**	□
b	**私の人生は、とてもすばらしい状態だ**	□
c	**私は自分の人生に満足している**	□
d	**私はこれまで、自分の人生に求める大切なものを得てきた**	□
e	**もう一度人生をやり直せるとしても、ほとんど何も変えないだろう**	□

五つの数字の合計は？ →（　）

出所：イリノイ大学　故Ed Diener教授ホームページより

満足度尺度では、あくまで自分が満足しているかどうかを測っているのであって、個人の幸せを正確に測れているかどうかはあいまいというべきでしょう。ここが心理学の難しいところです。

ではなぜ心理学が統計的な研究になるかというと、例えばこれを一万人に実施した場合、統計的に処理すると個人差の影響が薄められ、全体とし

図表4　「ディーナーの人生満足度尺度」のヒストグラム（2012年の日本人1500人への調査結果）

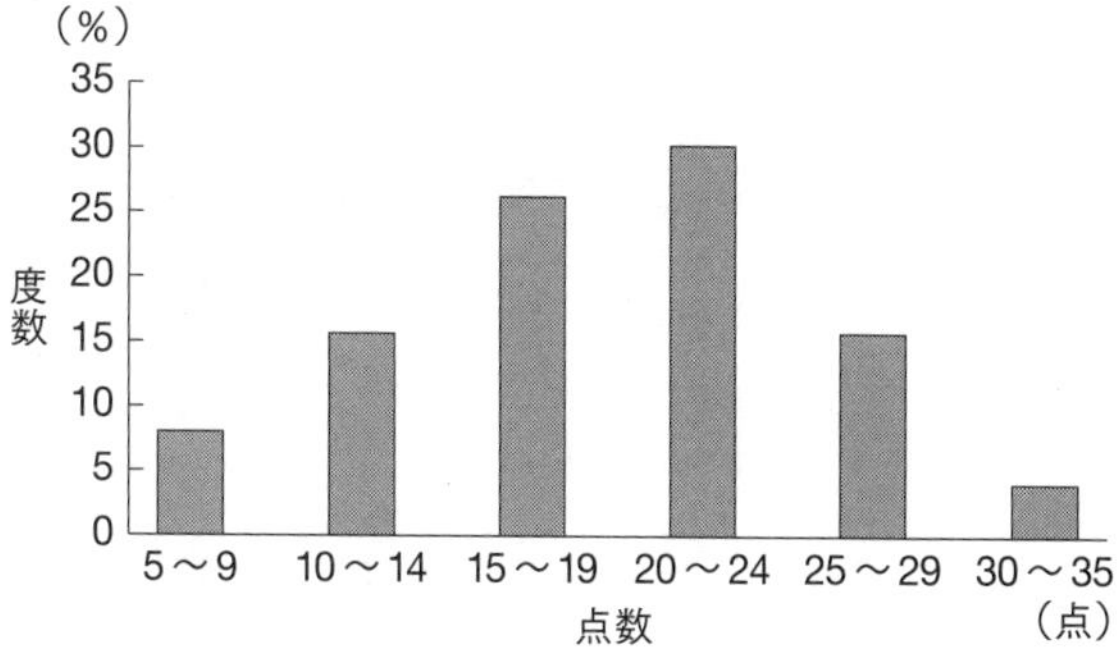

出所：前野隆司作成『幸せのメカニズム』（講談社現代新書）

て何が幸せにどれくらい影響するかを明確化できるのです。

数人では誤差に引っ張られてわからなかったものが、多くの人に聞くことによって信憑性が得られる。これがアンケートと統計学による分析法なのです。コンピュータの進歩と併走するように、統計的分析法が進歩してきたということです。

ちなみに、ディーナーの息子や娘の多くがウェルビーイングの研究者になっています。著書も出しているロバート・ビスワス＝ディーナー氏など、子どもたちも活躍しています。

ダニエル・カーネマン――行動経済学の祖

ノーベル経済学賞を受賞した米国の心理学者・

行動経済学者のダニエル・カーネマン教授は、ウェルビーイングの研究も行っている著名な研究者といえるでしょう。

カーネマン氏は経済学の数理モデルに心理学的実験結果を取り入れた行動経済学の研究者です。プロスペクト理論でノーベル経済学賞を受賞しました。例えば、五〇万円得をしたときと損をした場合とで、人間は正反対の行動を取らないというものです。つまり、人が損得をどのように評価するかのクセを、実証的事実をもとに解き明かした理論です。

カーネマン氏のウェルビーイング研究の一つは、年収と幸せの関係についての研究です。年収が七万五〇〇〇ドル（約八〇〇万円）に達するまでは年収が増えるほど人は幸せになるけれども、それを超えると年収と感情的幸福は比例しなくなるということを明らかにしたものです。

図表5に模式的に示すように、収入が少ないときには年収とともに幸福度も上がるのですが、途中から上昇率が衰えてやがて平らになります。これは、経済学でいう「限界効用低減の法則」というものです。例えば、まんじゅうを食べる満足感は、一個目、二個目、三個目と進むと、一個目ほどには満足しなくなる、ということです。

図表5　年収と効用の関係

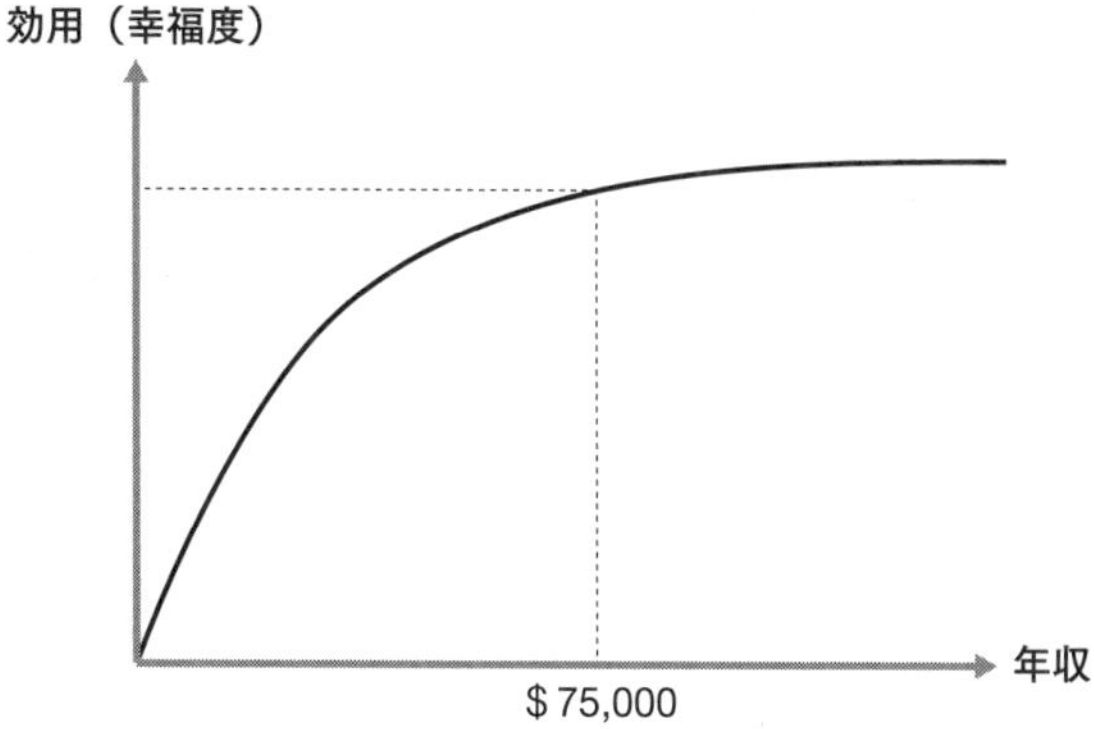

このように、限界効用が低減してカーブを描くという法則が、年収と幸せの関係にも適用されることを示したのがカーネマン氏です。

マーティン・セリグマン
——ポジティブ心理学の創始者

ウェルビーイング研究について語るとき、欠かせない研究者の一人は、ポジティブ心理学の創始者であるペンシルベニア大学教授のマーティン・セリグマン氏です。

セリグマン氏は前述のようにうつ病の研究者からポジティブ心理学に移った人で、有名な「ＰＥＲＭＡ」を提唱しました。「ＰＥＲＭＡ」とは、「ポジティブ感情（Positive Emotion）」「何かへの没頭

（Engagement）」「人との関係（Relationship）」「生きる意味（Meaning）」「達成（Accomplishment）」の五つを満たしている人が幸せなのだ、というものです。

まず、「P」は、ポジティブ感情です。うれしい、面白い、楽しい、感動、感謝など、ポジティブな感情を持つ人は幸せです。

二つ目の「E」（何かへの没頭）は、ハンガリー出身のシカゴ大学教授だった故ミハイ・チクセントミハイ氏が提唱したフロー体験と同義語といわれています。あるいは、スポーツなどでゾーンに入った状態と考えていただければよいでしょう。何かに、時間を忘れて没頭することです。物事に対するエンゲージメントであって、人事用語でいう「従業員エンゲージメント」とは少々違う意味です。

人事用語の従業員エンゲージメントは、没頭というよりも職場への貢献意欲や共同体意識を測るための概念です。つまり、職場が好きで仕事にも前向きに取り組んでいるかを問うものです。一方、セリグマン氏やチクセントミハイ氏のいうエンゲージメントは、何かにのめり込んで没頭している状態、すなわちフローやゾーンの状態という意味で使われています。

ポジティブ心理学では、没頭している状態のときには幸せかどうかを判断しないけれども、それはウェルビーイングな心理状態の一種だと捉えます。

人事用語に「ワーク・エンゲージメント」という言葉もありますが、こちらは集中し熱中して働いている状態ですので、セリグマン氏やチクセントミハイ氏のいうエンゲージメント、フローと近い意味です。

三つ目は「R」、他者との関係性です。人間は、独りだとロンリネス（孤独）の状態になり、孤独状態では幸福度は低い傾向があります。一方で、ソリチュード（孤立・孤高）という概念もあります。この状態では特に幸福度は低くないため、ロンリネスとソリチュードは区別すべき概念です。

ロンリネスを感じている人は幸福度が低いので、人とつながりを持つことが大事です。利他的な関係、人と助け合う関係を持っている人は幸せだということも明らかにされています。

四つ目は「M」。生きる意味です。生きる目的を自覚すること。自分よりも大きいものとの関係を意識することが大事といわれています。「大きいもの」とは、社会や地球でもよいでしょう。社会に対して自分のできることは何かを考える。地球に対して、環境に対して、自分には何ができるかを考えながら取り組むことで、充実感が生まれるはずです。

もう少し大きなものとして、少々宗教的になりますが、神や宇宙との関係を考えることも幸福度に関係するようです。宇宙という巨大なもののなかにいる自分を科学的に捉えること、あるいは、神を信じている人は神との関係を意識すること、そうしたものとの関係も含めて、生きる意味が明確な人は幸せで、不明確な人は幸福度が低いということが明らかにされています。

そして五つ目が「A」。達成です。何かを達成することのみならず、達成のために努力している姿勢も含めてAccomplishmentだと、セリグマン氏はいいます。何かを成し遂げる、あるいはそのために一所懸命がんばっている状態の人は幸せということです。以上「PERMA」の五つを満たしている人は幸せを感じているということを、セリグマン氏は強調しています。

因子分析からネットワーク分析まで

ウィスコンシン大学の心理学教授キャロル・リフ氏は、因子分析によってさまざまなアン

ケートの結果をコンピュータで分析した結果、心理的ウェルビーイング（幸福感）には、

①　自律性（Autonomy）――自律して自己決定していること
②　状況をコントロールする力（Environment Mastery）――複雑な環境を的確に制御できていると感じること
③　自己成長（Personal Growth）――成長して発達し進歩を実感すること
④　ポジティブな他者関係（Positive Relations with others）――他者との愛情、信頼、共感といったポジティブな関係を築いていること
⑤　人生の目的の明確さ（Purpose in Life）――人生の目的と自分の生きる方向性を自覚していること
⑥　自己受容（Self-Acceptance）――自分のよいところ・悪いところを受け入れていること

の六つの要素が重要であることを明らかにしました。これは六軸モデルと呼ばれています。

図表6　幸福感の規定因

低い相関（r<0.2）	中程度の相関（0.2<r<0.5）	高い相関（0.5<r）
年齢	友人の数	感謝の気持ち
性	結婚	楽観性
教育	信仰	雇用されていること
社会階層	余暇活動の質	
収入	身体的健康	性的交渉の頻度
子どもの数	誠実性	
人種	外向性	ポジティブ感情体験の割合
知能	情緒安定性	
身体的能力	内的統制	自尊心

出所：クリストファー・ピーターソン『ポジティブ心理学入門』（春秋社）、2012

この六つが幸せに影響することを一九八九年に明らかにし、現在もさまざまな活動をしている研究者です。

元ミシガン大学心理学教授の故クリストファー・ピーターソン氏は二〇〇六年に、何が幸せに影響するか、弱い相関、中程度の相関、高い相関に分けて、事象を当てはめて表にしています（図表6）。

高い相関に分類されている項目は、感謝、楽観性、就業状態、性的交渉の頻度、ポジティブ感情体験の割合、自尊心となっています。ウェルビーイングというよりもハピネスに近いというべきかもしれません。中程度の相関を呈する事象には、友人の数、結婚、信仰、余暇活動の質、身体的健康、誠実性などが挙がっています。

これは私たちが分析して得た係数とはやや異なります。つまり、質問の選び方やアンケートを行う対象者によって、幸せへの寄与率は違ってくるということです。例えば、米国では男女の幸福度の差はあまりないのですが、日本ではかなり違うという結果もあります。年齢についても、多くの研究では年齢と幸せの関係はU字状のカーブになるといわれていますので、ピーターソン氏の研究結果とは異なります。

心理学の研究は、哲学のように絶対的な真理を追求するものではなく、各人の調べた条件下ではこうであった、という統計学的な知見を積み重ねるものですので、そのような前提を理解いただいたうえでそれぞれの結果を見るべきでしょう。

興味深い研究者としては、エール大学のニコラス・クリスタキス教授がいます。クリスタキス氏は、公衆衛生の研究者としてネットワーク分析の研究をいろいろと手がけています。これまで紹介してきた多くは心理学の研究者であったのに対し、彼は公衆衛生や予防医学が専門で、ネットワークデータ分析の専門家でもあります。

もともとは、肥満はうつるという研究や喫煙習慣はうつるという研究をしていました。肥満や喫煙は、病原菌を介してうつるわけではありませんが、生活習慣として友だちから友だちへとうつっていきます。クリスタキス氏によると、幸せもうつります。

友だち関係をネットワーク図に表し、人間を丸で示し、親しい人を線で結び、また、幸せな人と不幸せな人を色分けし、五年後、一〇年後を見ていくと、幸せと不幸せが細胞の増殖のように発展していくことが明らかになりました。つまり、幸せもうつるし不幸せもうつるということを明らかにしたわけです。

幸福学の基礎――地位財・非地位財と四つの因子

私（前野隆司）の研究も紹介しましょう。私はウェルビーイングの研究に対して、「幸福学」という言葉を使っています。前にも述べましたが、幸福の対象には地位財と非地位財があります。地位財は長続きしない幸せで、他人と比較できるカネ、モノ、地位などです。非地位財は、精神的、身体的、社会的に良好な状態、つまりウェルビーイングです。

心の状態を分析すると、四つの因子が得られました。マーティン・セリグマン氏の五つ、キャロル・リフ氏の六つの分類とは違いがあるように見えますが、三つの結果は、同じ「幸せ」という事象について、異なる切り口から捉えたものといえるでしょう。

私の四つの因子は、日本人の分析結果という特徴がありますが、元となるデータは世界中のウェルビーイング研究の結果がベースになっているので、やはり、同じ問題の別側面というのが妥当でしょう。

幸せの四つの因子の一つ目は、自己実現と成長です。セリグマン氏では達成、リフ氏では自己決定力と名付けたものに近いのですが、「**やってみよう**」因子と名づけました。やりがいや強みを持ち、主体性の高い人は幸せということを表す因子です。

二つ目は、セリグマン氏のリレーションシップ、リフ氏のポジティブな他者関係にも通じる、「**ありがとう**」因子です。つながりや感謝、あるいは利他性や思いやりを持つことが幸せであることを表します。

三つ目は、「**なんとかなる**」因子です。前向きかつ楽観的で、何事もなんとかなると思える、ポジティブな人は幸せです。チャレンジ精神が大事ということです。この要素は、セリグマン、リフ両氏の分類にはなかった点です。

そして最後は「**ありのままに**」因子です。独立性と自分らしさを保つこと。自分を他者と比べすぎず、しっかりとした自分らしさを持っている人は幸せです。英語でいうとauthenticity。日本語ですと本来感と呼ばれます。本来の自分らしさを自覚している人は幸せであるという因子です。

これはセリグマン氏のPERMAにはありません。セリグマン氏とお会いしたときに、このauthenticityも幸せ因子として効果的なのに、どうしてPERMAに入れないのかと聞きました。答えは、米国では自分らしさを持つことは当然のことだから入れなかった、ということでした。

米国は個人主義を基調としている国なので、誰もがありのままに自分らしさを持ち、そのうえで多様性を認め合うことが常識的な社会です。一方、日本は、同調圧力が強く、「出る杭は打たれる」ということわざ通り、皆と同じようにしていないと白眼視される傾向が残っており、どちらかというと自分らしさを発揮しにくい国です。そうした環境で暮らす人々は、自己肯定感が低くなりがちです。

幸福学から見ると、独立性と自分らしさを持つ米国人には当然のことも、日本でははっきりと幸せの条件に規定しなければならない、というべきかもしれません。

セリグマン氏の言では、「ありのまま因子」は米国では当たり前すぎて選ばなかったということでしたが、当たり前すぎるとはいえ、幸せに影響するのであれば取り入れるべきと私は思います。もしかしたら米国人を対象にした調査結果では、不幸せな人でも「ありのまま」だったりするのかもしれません。ですから、私の研究結果は現時点では日本での分析結果だと理解してください。海外との比較検討は、今まさに研究しているところです。ご期待ください。

日本人研究者と産業界の取り組み

アカデミックな研究者の話が続きましたが、企業での動向についても述べましょう。日立製作所の矢野和男氏は、スマホなどの加速度計で計測した振動データをＡＩで分析することによって幸福度が測れることを明らかにしました。人は歩いたり何らかの行動をしたりするときに手足を動かしますが、この動きのパターンを読み解いて、人の幸せ・不幸せを探り出せることを突き止めたのです。

これは非常におもしろい研究です。矢野氏はバイタルデータによって幸せが測れることを実証した日本の先駆者の一人だといえるでしょう。すでにハピネスプラネットという会社もつくって、実用化に努めている最中です。

もちろん加速度計で測る以外にもいろいろな研究があり得ます。笑顔計測や、コルチゾールなどの分泌物質を測る方法、脳波計測やいろいろな脳機能計測もあります。こうした、幸せをさまざまなセンサやテクノロジーで測るという新しい動きも出てきています。

幸せの研究者として日本人で忘れてならないのが、京都大学教授の内田由紀子氏です。もともとは、アジアと欧米の個人主義と集団主義の違いを分析するような文化心理学が専門なのですが、そういう視点からの幸せ研究を行っています。例えば集団的幸福という概念を提唱するなど、日本らしいウェルビーイング研究をしている一人です。

世界で活躍している日本人のウェルビーイング研究者といえば、バージニア大学の大石繁宏教授が筆頭でしょう。大石教授はエド・ディーナー教授の教え子です。ディーナー氏と日本でお会いしたときに、大石氏のことを一番弟子の一人で、非常に信頼しているといっていたことを思い出します。

ウェルビーイング研究の創始者であるディーナー氏が認めたほどに、世界でもウェルビーイング研究を担っている一人がこの大石氏で、『幸せを科学する』（新曜社）という本を出されています。内田氏同様、欧米とアジアの幸福度の違いといった文化の違いによる幸福度の研究に力を入れている研究者です。

ウェルビーイング研究は、最初欧米で進んだのですが、内田氏や大石氏のように欧米とは違ったアジア的な幸福もあるという説が展開されるなど、多様な幸福研究が行われるフェーズに入ったといえるでしょう。

また、組織としてウェルビーイングを推進する活動もあります。「公益財団法人Well-being for Planet Earth」では、世界中の研究機関や研究者の活動に対して助成しています。ハーバード大学やニューヨーク大学などへの助成のほか、ギャラップとの共同調査も行っています。

代表理事は石川善樹氏。ディーナー親子同様、親子二代にわたるウェルビーイングの研究者ですが、大学に所属するのではなく財団を足場に自由に活動しているところが現代風です。

また、理事の一人である早稲田大学のドミニク・チェン氏は、石川氏やＮＴＴコミュニケーション科学基礎研究所の渡邊淳司氏らと一緒にポジティブ・コンピューティングの本を訳したりもしています。この財団には、先に紹介した日立製作所の矢野和男氏も名を連ねていますし、ＬＩＦＵＬＬの井上高志氏、楽天のチーフ・ウェルビーイング・オフィサー（ＣＷＯ）を務める小林正忠氏、Mistletoe 社長の孫泰蔵氏といった産業界の実力者たちも財団の活動を支援しています。

このように、学術研究者ばかりではなく、ウェルビーイングの活動を産業界とつなげようとする動きも活発化しつつあります。

遺伝子工学にもとづく心配性遺伝子の研究

次に紹介するのは、日本人は気質として心配性の人が多いという興味深い研究です。日本人は遺伝的に不幸せになりやすいという、当時は一世を風靡《ふうび》した一九九〇年代の研究です。

セロトニン・トランスポーターというセロトニンを運ぶ遺伝子があります。その遺伝子型のうち、Ｓ型はセロトニンが運ばれにくい遺伝子です。セロトニンは、レアルアドレナリン、ドーパミンなどと並ぶ三大神経物質で、これの不足がうつ病の原因にもなるとされる物質です。

図表7に示すように、図の右に行くほど心配性傾向が強いと考えられます。日本人は、このセロトニン・トランスポーターS型を持っている割合が八割に上ります。一方、米国人では、心配性遺伝子を持っている人の割合は四割ほどです。日本人や韓国人、中国人などの東アジア人は心配性の遺伝子を持っている比率が高く、欧米などアジア以外では比率が低い傾向があります。

この図の興味深い点は、縦軸に個人主義的か集団主義的かを取っていることです。文化的な主義の違いと心配性気質の強さに比例関係が見えるのです。

独立し自立して自分の意見をはっきりいう価値観を尊ぶ個人主義は、心配性ではない傾向の強い西洋に起源を持つ考え方です。

一方、心配性傾向の強いアジア人は、集団主義的です。自分の主張を押し通すよりも、集団を大事にして周りに合わせる。よくいえば、波風を立てずに調和を大切にする。しかし、個人主義の立場から見ると、個人が自立せずに幼稚なままで、自立した意思決定ができない人というようにも見えます。

図表 7　日本人は気質として心配性の人が多い

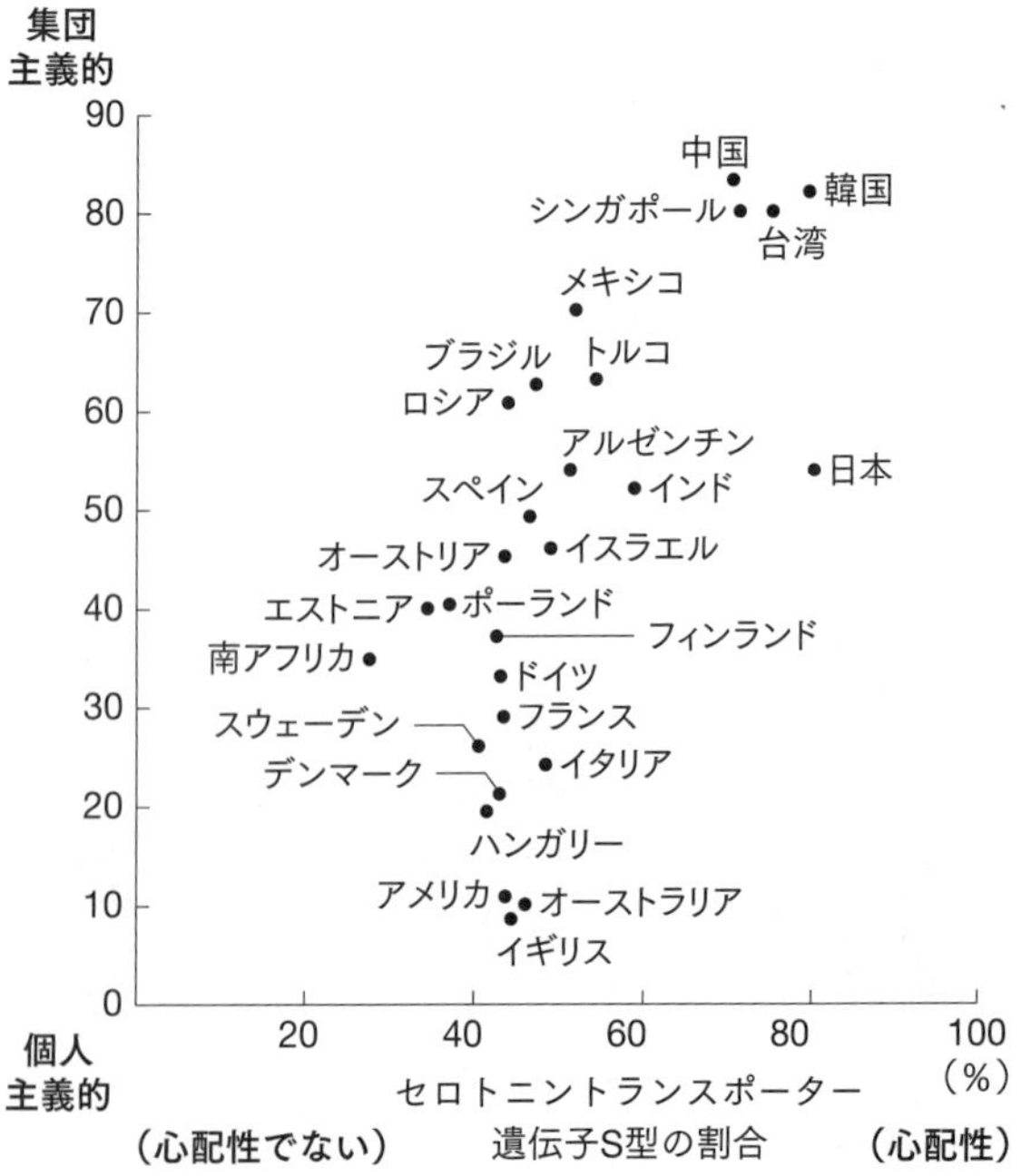

出所：Esau, Luke, et al. "The 5-HTTLPR polymorphism in South African healthy populations: a global comparison." *Journal of Neural Transmission* 115.5 (2008): 755-760.
Murakami, Fumiyo, et al. "Anxiety traits associated with a polymorphism in the serotonin transporter gene regulatory region in the Japanese." *Journal of human genetics* 44.1 (1999): 15-17.

ヨーロッパの人々も、キリスト教カトリックが主体だった昔は集団主義的だったといわれています。ところが産業革命の頃に、プロテスタンティズムと資本主義の原理が確立されます。個人が自立して自分の富を目指せば、キリスト教と矛盾することなく発展型社会は成り立つという考え方が広まったのです。実は個人主義という考えは、まだ三〇〇年ほどしか経っていない新しいものなのです。

新しいから進んだ考えだと思われがちです。一方で、かつての集団主義的な考え方は古くて劣っていると考えられがちでした。

それに異を唱えたのが、前述の文化心理学という学問です。発祥は欧米で、ゆきすぎた自文化中心主義に意を唱えるところから発展したといわれています。文化心理学では、個人主義と集団主義には優劣はなく、自己よりも集団を大事にするあり方も一つの文化的特徴ではないか、と客観的・俯瞰的に捉えます。

日本人は興味深い立ち位置にいると思います。もともとは自己主張が苦手で多数意見に与《くみ》しがちな集団主義的な特徴を持つ文化だったのに対し、第二次世界大戦後に欧米式の個人主義的な教育を行うようになったことが影響してか、集団主義的でありながらやや個人主義寄りの文化的特徴を持ちます。

本来日本人は心配性気質を持つので集団主義的な文化圏にいるほうが居心地はよかったはずなのに、戦後教育によって無理やりに個人主義的な文化に移行したことにより、自己主張と同調圧力が中途半端に同居してしまった、と考えることもできそうです。

日本人は先天的に心配症の人が多いという話をしてきました。心配症の人は幸福度が低い傾向があります。では、生まれつき心配症で不幸な人は仕方がないのかというと、そうではないことがわかっています。心理学における多くの研究により、性格はざっと半分が先天的、半分が後天的といわれていますので、生まれてからの環境と努力によって、だれでも幸せになれるといえるでしょう。

日本の例を挙げましたが、各国の各人が各国固有の文化的特徴を尊重しながらグローバルなスタンダードも理解するというような、バランスの取れた文化理解をすべき時代が来ているのです。

幸せと健康・長寿

先進国に住む多くの人を対象にした幸せと寿命の調査の結果、幸せを感じている人は、そうでない人に比べて七年から一〇年寿命が長い、ということがわかっています。また、修道院の修道女一八〇人に対する調査では、修道院に入所したときに幸せと感じていた修道女の寿命は、あまり幸せとは感じていなかった修道女に比べて、やはり七年長いという結果が出ています。

要するに、幸せを感じていれば健康長寿であるということです。「幸せな人は長生きする（Happy People Live Longer）」というわかりやすいタイトルがつけられたディーナー氏のレビュー論文に述べられています。

また、年齢と幸福度の関係はU字状のカーブになることも明らかにされています。どの国で測っても概ね同様の傾向が見られます。

年齢が上がるにつれて不幸感が増すという内閣府の調査結果もあります。ただし、私たちの調査ではUカーブを描いていたので、政府の調査は何か特殊な事情があったのではないかと思われます。また、時代の影響を受けるのではないかとの意見もあるかもしれませんが、世界中のいろいろな時期の調査でも一律にUカーブになることが知られていますので、普遍的な特徴と考えられそうです。

つまり、人間は、生を受けてから年を重ねるごとに次第に不幸感が増していき、五〇歳頃に底を打ち、それを超えるとまた幸福感が増していく、という傾向があるようです。四〇代、五〇代は、会社で中間管理職になったり、家族や生活を背負ったりして、大変な時期ということかもしれません。

また、スウェーデンの社会老年学の研究者であった故ラーシュ・トーンスタム教授は、老年的超越という概念を打ち出しています。

九〇歳、一〇〇歳といった高齢の方は、実は自己中心性が減少し、自分が前に出ようとする欲も減り、物事に対する寛容性が高まります。そのうえ、死の恐怖も減り、空間や時間を超越する傾向が出てきて、高い幸福感を感じているということが報告されています。

また、記憶力がよい人よりも悪い人のほうが幸福度が高いという研究結果もありますので、そういう意味では、年を重ねると、細かいことが気にならなくなる結果として幸福度が上昇していくようです。

つまり、老化というのは、記憶力が悪くなったり身体も動かなくなったりして幸福度が下がることなのではないかと捉えられがちですが、少なくとも主観的幸福感からは、齢を重ねるほど幸せになっていくといえるのです。

世界で最初に超高齢化社会を迎えた日本は、幸せな人が増えていく国といえるのではないか、と私たちは思っています。世界が経済成長の時代から心の成長の時代に移行するなか、日本が二一世紀型の新しいウェルビーイングの時代にうまく考え方を切り替えて、高齢者が生き生きと幸せに生きる社会をつくっていくというシナリオも夢ではありません。

もちろん年金問題や格差の問題、少子化の問題など、解決しなければならない課題は少なくありません。しかし、ウェルビーイングという観点は、日本の将来を楽観視するための一つの希望なのではないでしょうか。

もちろん、そのためには心身の健康は前提です。幸せと健康は相関が高く、幸せと「健康だと思うこと」の相関はさらに高いことが知られています。また、ポジティブ感情、すなわち幸せだという感情は、中枢神経系や自律神経系、免疫系に影響することが知られています。幸せと感じれば免疫力は高まるのです。

例えば、口角を上げて笑顔をつくるだけで免疫力が高まり、幸福度が増すという研究結果もあります。免疫力が高まれば病気になりにくいため、結果として長寿になると考えられます。

幸せな人は、うつ病、大腸がんなど、多くの病気にかかりにくいことも知られています。さらには、幸せな人ほど自殺願望は低いということも確認されています。幸せは、健康の最大の友なのです。

このように、身体のウェルビーイングと心のウェルビーイングは関連深い概念です。ですから、「健康に気をつける」ように「幸せに気をつける」べきなのです。

一般に、スポーツや睡眠、食事面など、身体の健康に気を配っている人は多いですが、心のウェルビーイングである幸せに気をつけているという人はまだ少ないでしょう。何より「幸せに気をつける」という言い方自体、これまで使われてきませんでした。しかし、幸せは健康長寿に影響することが明らかですから、「幸せに気をつける」という概念は、今後普及していくべき考え方だといえるでしょう。

心のウェルビーイングは、予防医学なのです。健康に気をつける予防医学と同じように、幸せに気をつける心の予防医学。この概念が広まることを願います。この概念が広まってこそ、ウェルビーイング時代の到来といえるでしょう。

2　幸福度を高める方法の研究

幸せの四つの因子を高める方法

では実際にどうすれば幸福度は高まるのでしょうか。世界中でさまざまな介入研究が行われています。つまり、どんな形で生活に介入することが幸福度を高めるのか、について多くの研究が行われています。

まずは、前に述べた幸せの四つの因子（「やってみよう」「ありがとう」「なんとかなる」「ありのままに」）に沿って解説しましょう。

まず「やってみよう」ですが、夢や目標を持つことは幸せに通じます。そこで、夢や目標について語り合うワークショップに参加しただけでも幸福感が高まります。また、ワクワクするときめき体験は幸福度を高める効果が抜群です。『人生がときめく片づけの魔法』（河出書房新社）を著した片付けコンサルタントの「こんまり（近藤麻理恵）」さんも、ときめかない物は捨てようと片づけ方法を伝授していますが、片づけだけでなく、最近は働き方にもときめきを求めようとおっしゃっています。

まさにその通りで、ワクワクしない、ときめかない仕事は幸福度につながりにくいので、仕事のなかにワクワク感やときめきを見出すことが大切です。

ピーター・ドラッカーの著書『マネジメント』（ダイヤモンド社）に出てくる有名な石切り職人の挿話を、幸福感に寄せて私なりにアレンジして紹介しましょう。あるところに幸せな石切り職人と不幸せな石切り職人がいました。

不幸せな石切り職人は、言います。「特に自分が欲している仕事ではないんだが、手に職もないし、他に能力もないから、石を切るという単純重労働しかできないんだよ。やりたくもないつまらない仕事だと思いながら石を切っているんだ」と。気持ちが後ろ向きで、視野も狭く、仕事をやらされている感覚が強い人です。やってみようの反対、すなわち「やらされ感」「やりたくない」「やる気がない」で働いている人です。

もう一人の石切り職人は、石を上手に切って並べ、それによってここに教会を建てるという目的にプライドを持っています。「教会の土台を築くことは、孫、子の代まで続く幸せの礎を造る大事な仕事だ」と、やりがいを感じています。将来を見据える視野の広さを持ち、ワクワクしながら働いている人です。

同じ仕事でも、単純作業でつまらないと思うか、人々のためになる仕事だからとやりがいを感じるか。これは、視野の広さの問題です。

視野の広い人は幸せで、視野の狭い人は不幸せという研究結果もあります。ときめくためには視野を広く持ち、夢や人生の目標を明確にしておく必要があります。視野を広げて、自分がやっていることは何につながっているかと考えてみてください。

二つ目の「ありがとう」因子は、つながりと感謝の因子です。対話することが幸福度を高めるでしょう。

例えば、最近「ワンオンワン・ミーティング」が広まっています。上司と部下が一対一で、仕事の話ではなく軽い相談事や身の上話をするミーティングは効果的です。もともとワンオンワン・ミーティングはコーチングから生まれた手法で、コーチングはカウンセリングから生まれたものです。

カウンセリングもコーチングもワンオンワン・ミーティングも、とにかく人の話を聞くことが要諦です。傾聴して批判せずにじっくりと会話を行う。相手に自己開示した状態で話をしてもらうことが大切です。

相手の話をしっかりと聞かずに途中で話をさえぎると、相手は満足感を得られませんから、幸せではなくなります。相手の話を傾聴し、批判せずにじっくりと会話をできる人は幸せです。

また、孤独は幸せの敵ですから、信頼できるパートナーや仲間、知人を持つことも大切です。そして、何事に対しても深く感謝する人、気遣いや思いやりを持って他者と接することのできる人も幸せです。したがって、ボランティア活動などをする人は幸福感が高いといえます。利他的な行為を行うよう心がけることも、幸福度を高めるための有効な方法です。

三つ目の「なんとかなる」因子を高めるための方法の一つは、幸せであるように振る舞うことです。無理やりでも口角を上げて笑顔をつくることが有効と前に述べましたが、上を向いて大股で歩くと幸せになるという研究や、胸を張ると幸福度が高まるという研究もあります。

振る舞いは重要なのです。実際に、形から入るだけで幸福度が上がる、という研究結果も多く報告されています。

言葉もそうです。「どうせ私なんか」「私にはできません」「でも、だって」など、ネガティブな言葉が先に出る人がいますが、ネガティブに考える人は幸福度が低い傾向があります。

自分の欠点を気にするよりも、よいところを拡大する。他者の悪口を言うよりも、よいところを評価する。自分に対しても他者に対してもポジティブな見方をすることこそ、幸せに通じる道なのです。

四つ目の因子「ありのままに」因子は、独立性と自分らしさを保つことです。自分が他者からどのように見られているかを気にしすぎては、萎縮してしまいます。自分を他者と比較してみても仕方がありません。自分は自分、他者は他者です。

揺るぎない自分軸を持つこと、自己を確立すること、自分らしさを自覚することが幸せにつながります。

自己を確立するためには、創造性を発揮するような何かに挑戦するのもよいでしょう。そして、自分らしい強みを見つけたら、それを高めていく努力をすることです。自分らしく「ありのままに」「やってみること」をお勧めします。

ウェルビーイングを高めるためのさまざまな方法

私たちが提唱する四つの因子も、セリグマン氏のPERMAやリフ氏の六つの軸も、幸せの条件を示したものです。こうした因子に対して、できている点、できていない点を書き出したり、改善アイデアを出したりすれば、必ず幸せになる方法は見つかるでしょう。幸せな要因について分析し、それを高めることが、私たちの推奨する方法です。

これは答えではなく、あくまで方法です。一人ではなくみんなで幸福度改善アイデアを出し合うワークショップなど、各自で工夫して幸福度を高めてほしいと思います。

大分大学の岩野卓講師が明らかにしたウェルビーイング促進行動目録も大きなヒントになります。幸せに影響する行動として、「対人援助行動」「課題遂行行動」「自己決定行動」「挑戦行動」の四つの行動を規定しています。

対人援助行動　友人や知人の相談に乗る、人の悩みや愚痴を聞く、困っている人を助ける、苦しい状況の友人を気にかける
課題遂行行動　予定通りに仕事や課題を終えるよう努力した、忙しいときでも予定通りに課題をこなした、勉強する時間を自分でつくった
自己決定行動　自分らしさ、自分の意見を大切にした、他の人に意見や気持ちを伝えた、周囲と意見が違っても自分の意志に従った
挑戦行動　自分から苦手な人に歩み寄った、仕事以外のことで、苦手なことに挑戦した、未経験の課題や仕事に取り組んだ

これらの行動は、ウェルビーイングを高めるとしています。すべて、幸せに通じることが解明されている行動です。

何が効率的に幸福度を向上させるのか。Huffington Post（現・Huffpost）に効果の高低とその効果を上げるために要する時間の関係を図示したものが載っていました。

この図によると、幸福度向上効果が高いものは、感謝の日記、親切な行動、走る、ボラン

ティアなどがあります。

笑顔、大笑い、親切な行動、感謝の日記などは短時間で幸せになりますが、ボランティアやバケーションは時間がかかるようです。公園の散歩や昼寝なども、時間がかかる割には意外と幸せを感じないようです。

ただし、この傾向には個人差があると考えるべきでしょう。自分は音楽を聴くと幸せになる、散歩をしているときが一番幸せ、犬と遊ぶに比べるものはないなど、人によって異なるでしょう。

自分は何で幸せを感じるかを知っておくとよいでしょう。健康と一緒です。健康を維持するのに、ジョギングか筋トレか水泳か、自分が楽しめるものを選ぶように、自分自身に合っている手段を選ぶことが幸せの一歩です。

同様に、幸福度を向上させるにはポジティブ感情を高めることが大事という米国ノースウエスタン大学のユディット・モスコビッツ教授の、ポジティブ心理学会で指摘したポジティブ感情を高める方法を紹介します。

- ポジティブなイベントに気づくこと
- わくわくするようなイベントを企画すること
- 感謝を忘れないこと
- 心静かに瞑想すること
- ネガティブな過去のことをポジティブに捉え直すこと
- 自分の強みにフォーカスして、達成可能なゴールを設定し追求すること
- ゴールを遠く大きく設定しすぎると挫折しがちになるので、まずは身の丈に合ったゴールから目指すこと
- 常に親切な行動を心がけること

以上が必要だということでした。

ソニア・リュボミアスキーの方法

ロシア出身で米国カリフォルニア大学リバーサイド校教授のソニア・リュボミアスキー氏

は、ポジティブ心理学で有名な研究者の一人です。氏がポジティブ心理学会で発表したウェルビーイングを高めるための八つの方法を紹介しましょう。

一つ目は、「親切な行動に取り組む」です。他者に対する気遣いは、やはり自分の心にも安寧をもたらすということです。

二つ目が、「呼吸を数える」。普段はいちいち気にもしない呼吸ですが、時には一つ二つと数えてみれば、ゆったりとした気持ちになるリラックス効果があります。要は、心の整ったマインドフルな状態をつくることが大事ということ。

三つ目に、「最後のひと月であるかのように過ごす」。長く続く人生の日常を何となく過ごすのではなく、いまが人生の最後のひと月だと思って過ごせば、真剣度が増し、かけがえのない日常になります。

がんになり余命宣告をされた人のなかには、それによって前向きに充実した日常を送るようになる人もいる、というキャンサーギフトという考え方に近いといえるでしょう。最後のひと月と考えて毎日を過ごせば幸せになるということです。

アップルのスティーブ・ジョブズ氏も生前、「常に今日が最後の瞬間であるように生きている」といっていたように、この考え方は幸福度を高めます。

四つ目は、「オープン・社交的・外向的に行動する」。この外交的というのは性格分析ビッグファイブ（外向性・協調性・勤勉性・情緒安定性・開放性から成る性格分析）の一つです。外交的な人は内向的な人よりも幸福度が高い傾向があるので、オープンで社交的・外向的に行動することが大事です。

五つ目に「感謝の手紙を書く」。口頭で感謝を伝えるのも有効でしょうが、手紙に書くことは感謝をじっくり深く考える手段です。自分の思いを文字にすることで、漠然とした考えが明確なものに変わります。感謝は、いろいろなかたちで幸福度を上げることが知られています。

六つ目は「可能で最高の未来を可視化する」です。自分は将来こうになりたいと表現すること。しかも手の届かない夢物語ではなく、現実的な希望到達点を目標に描くことです。例えば、一〇年後になっていたい自分の姿を、言葉でも絵でもよいので、見える形にしてそれに向かって努力するといったイメージです。

七番目は、「最も大切な価値を確認する」です。最も大切な価値は、目先のことではなく、自分の人生を支える軸のようなものです。例えば、誠実さや感謝の心、信念といった座右の銘のようなもの。あるいは体力や健康などのフィジカルなものでも、誰からも好かれる性格といったものでもよいでしょう。

いずれにしても、日々の生活のなかでは忘れがちになる、自分の最大の価値は何かを考えて、理想的な自分を追い求めることが大切なのです。そして、本来の自分が持つ最高のあり方を確認することが、六番目の最高の未来にもつながることでしょう。

八つ目は、過去の思い出です。「楽しかった日々を再現し、味わう」ことも、幸福度を高める要素であることが知られています。若者はあまり過去を振り返らないかもしれませんが、八〇代になる私の母は、よく昔のアルバムを見て、楽しい思い出、楽しかった日々を再現して味わっています。あのときは楽しかった、と思えばそのときと同じ脳の活動、ミラーニューロンが活性化されるので、楽しかった日々と同じような脳の状態になるのです。

もちろん、亡くなった人の写真にはさびしい気持ちも湧くでしょうが、思い出が財産として残っていることが自分の豊かさにもつながるので、楽しかった日々を再現して味わうことは大切です。ただ再現するだけではなく、じっくりと味わうことが重要です。

以上の八つの項目は、過去から未来まで、そして身体から心まで、さまざまなヒントに満ちていると思います。

ゴーリンによる幸福度向上法の関係性マップ

これまで紹介した研究者は、いずれも独自に打ち立てた項目により幸福にアプローチするものでしたが、米国イェシーバー大学のユージニア・ゴーリン教授の二〇一七年の研究は、横断的研究です。すなわち、いろいろな人の研究結果を再調査し、それをマッピングするというものです。

「幸福度向上法の関係性マップ」に関する研究で、低解像度モデルと高解像度モデルの二つを示しています（図表8）。高解像度モデルのほうは細かく要素を取り上げているのに対し、低解像度モデルは取り上げる要素が少なく、つまり解像度が低くなっています。

低解像度モデルには跳び箱のような山が六つありますが、この山が高いほど幸福度を高める効果を持つ行動であり、山と山が近いほど意味的に近い行動です。一番左にあるやさしい行為を行うと自分も幸せになります。

図表8　幸福度向上法の有効性・関係性マップ

（低解像度モデル）

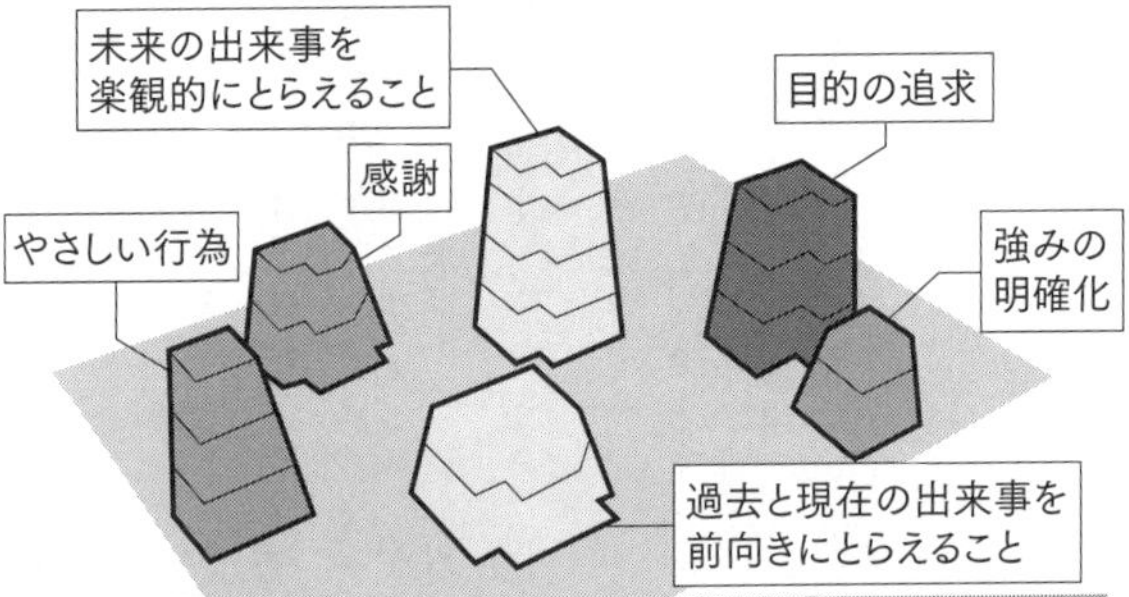

前野らの幸せの4つの因子のうち〈1やってみよう（目的、強み）、2ありがとう（感謝、やさしさ）、3なんとかなる（前向き、楽観）〉と似た傾向

（高解像度モデル）

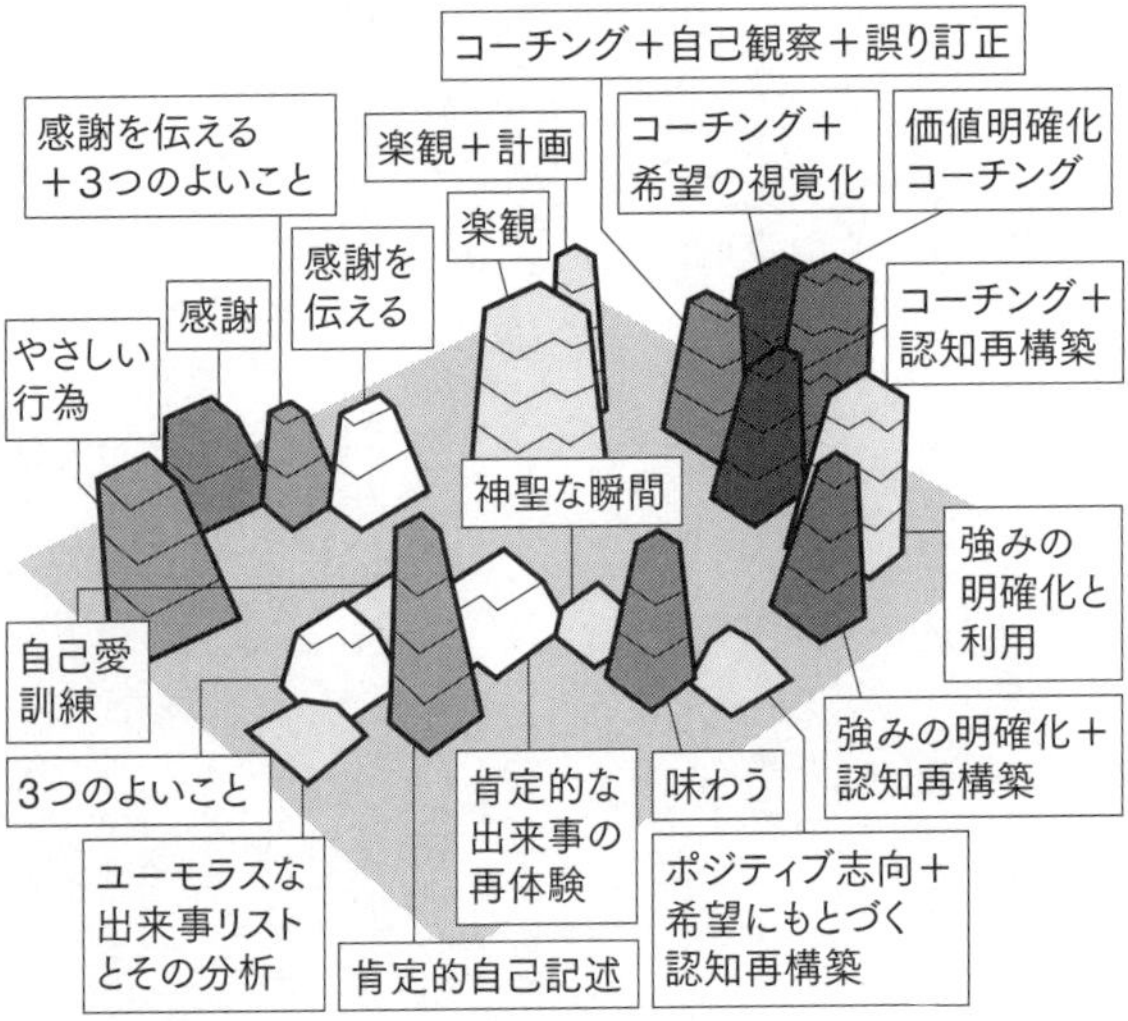

出所：Eugenia I. Gorlin , Josephine Lee & Michael W. Otto, A topographical map approach to representing treatment efficacy: a focus on positive psychology interventions, Cognitive Behaviour Therapy · July 2017

その隣に感謝があります。他者に感謝する行為はやさしい気持ちの表れですから、利他的な要素が並びます。私たちの研究でいう「ありがとう」因子です。感謝の気持ちや利他の気持ちが大事だということです。

続いて「過去と現在の出来事を前向きにとらえること」と、「未来の出来事を楽観的にとらえること」の二つがあります。前述のリュボミアスキー氏のいう、過去の思い出を味わうというものや、最高で可能な未来を思い浮かべるというものが、これと似ています。

過去の楽しかった思い出、うれしかった思い出は、思い返すと幸せになりますが、嫌なこと、辛いことなど、後ろ向きなことも、それを体験したことによって自分は成長したと考えればポジティブになれます。

過去と現在を後ろ向きに捉えれば不安や心配、猜疑などが増す不幸な状態に陥ります。しかし、嫌なこと、辛いこと、悲しいことがあったときには、同時に誰かに助けられたり新たな知見を得たりするなど、必ずその隣や裏にはよいこともあるので、過去と現在を前向きに捉えることで幸せになれるのです。

未来もそうです。未来は大変だ、辛い、と考えると不安にさいなまれるだけですが、楽観的になんとかなると捉えれば幸福度は高まるということです。

右側には、「目的の追求」と「強みの明確化」の山があります。目的の追求という項目名からわかるように、生きるうえで自分が何をしたいかを明確化している人は幸せなのです。私たちの四つの因子でいえば、自己実現の「やってみよう」因子に近いものです。

例えば仕事に取り組む際に、目的も全体像も考えることなく、いわれたままにとにかく作業として取り組む、というやり方よりも、この仕事は社会の役に立つものだという大きな視点を持ち、目的を理解したうえで取り組むほうが幸福度は断然高いことが知られています。

前述のドラッカーの石切り職人の話を思い出してください。目的を追求せず命じられるままに石を切っている職人は、辛いばかりのつまらない仕事と感じます。一方、教会の土台を組み、孫子の代まで利用できる聖堂の礎をつくるという目的を持った石切り職人は、同じ仕事を充実感に満ちたものと感じることができるのです。すべての活動は、機械的に行うのではなく、目的を明確化することが大切です。

同時に、「強みを明確化」することも大切です。自分の強みは何かを明確にすることは、「やってみよう」「なんとかなる」「ありのままに」という幸せの因子も発揮しやすくなります。

強みを持てば、「この点だけは人に負けない」とポジティブになれますから、困難も乗り越えられます。チャレンジ精神ややりがいにもつながります。

逆に強みを見つけられない人は、自信も行動力も個性も見つけられないので、やってみよう、なんとかなるとは考えられなくなってしまいがちです。自分には何もない、などとネガティブに考えるのではなく、誰にでもよいところはあると考えるべきでしょう。まずは自分のよいところを見つけることです。

特に得意なことがないという人も、好きなこと、打ち込めることを強みにすればよいのです。性格でも、健康でも、強みの元はたくさんあることを知ってください。

自分の強みに気づいていない人は、周りの人と話し合うことによって気づかせてもらうという手もあります。自分には強みはないといっている人も、周りに聞いてみると、たくさんの強みを指摘してもらえる場合が少なくありません。地味で強みが見つからないという人も、意外と強みがある場合が少なくないのです。

私たちの幸せの四つの因子とも関連づけて述べましたが、幸せの四つの因子は幸せ全体を因子分析した結果なので、おのずと他の研究とも紐付きやすいといえます。幸福度を高めることは、各々の幸せ因子を高めることなのです。

ゴーリンの高解像度モデル

ゴーリン氏の高解像度モデルは、当然ながら低解像度よりも詳細です。左に「感謝を伝える＋三つのよいこと」があります。前に述べたように、「感謝を手紙に書く」という行為は、感謝を思い出すだけでも幸せになり、それを言葉にして伝えると幸福感がより増すということです。

「三つのよいこと」は、ポジティブ心理学の創始者であるマーティン・セリグマン氏が推奨しているもので、一日に一回、今日あったよいことを可視化する、つまり言葉にするワークのことです。これをすると、幸福度が高まることが明らかにされています。

「感謝と三つのよいこと」の両方を行った場合、「感謝」や「三つのよいこと」単独よりも山が高くなっています。こうした組み合わせも、幸せ感には効くということです。

低解像度モデルにはなかった「ユーモラスな出来事リストとその分析」は、笑うと幸せになることがベースにあります。

日本では、あまりユーモアを一流の条件とは考えませんが、欧米ではユーモアがリーダーとなるべき人の条件、教養人の条件のように捉えられています。日本人も、もう少しユーモアのセンスを磨くと幸福度が高まると思います。

自分にとってユーモラスでおもしろかったことをきちんとリストアップして、何がおもしろかったかを分析することは、幸せを分析することにつながります。感謝、やさしさ、強みを可視化することが重要であったのと同様、ユーモアも可視化が重要なのです。

「肯定的自己記述」では、呼吸に集中し、ポジティブに自己記述をします。自分のことについてポジティブに記述することは幸福度を高めます。

親切、誠実、まじめといった性格から、友人・知人の量と質といった身の回りのこと、時計や車といった持ち物まで、何でもよいので、自分にとってポジティブなことを洗いざらい書き出してみること。これが意外に幸福度を高めるようです。

そして「自己愛訓練」は、自分を大事にすることです。自己愛という単語は悪い意味にも使われますが、ここは self-compassion（自分を大切にする、自分を愛する）というよい意味です。

例えば、自分で自分をぎゅっと抱きしめる行為も効果的だといわれます。抱きしめられると接触によって人は安心して幸せな気分になります。本当は、誰かを抱きしめる、または抱きしめられるとさらに効果的なのですが、自分で行っても心と体が温かくなります。

世の中には、自分を大切にしない人が意外と少なくありません。他人にはやさしいけれど、自分には厳しく律しすぎて自分を傷めてしまう人。自己犠牲的な人。そんな人は、もう少し自分に愛情を注げるようになれば、他者にも真の意味でもっとやさしくなれると思います。

上中央には「楽観＋計画」があります。未来の出来事を楽観的に捉えることは幸せに通じます。また、将来起こりうる最高の人生について書いてもらい、そのための目標やゴールを書き出すことも幸せにつながります。

その下の「神聖な瞬間」は少々宗教的な表現です。教会へ行って心を落ち着かせる、あるいは寺で座禅をするなど、心が洗われる状態に身を置くことは幸福度を向上することが知られています。寺に座って枯山水を見ていると心が落ち着いたりします。

神と人間の関係は、親と子の関係のアナロジーとも考えられます。子どもは親がいると安心するように、私たちも何か神聖なものに包まれていると感じると、マインドフルな状態、すなわち安心で幸せな気持ちになるということだと思います。

これは何も宗教に限りません。美術館で絵画を見る、コンサートで良質な音楽を聴く、キャンプで焚火をするなど、日常から離れて特別な瞬間を持つことも含まれるというべきでしょう。

その隣に「味わう」があります。何事も味わい、満喫することは幸福度を高めます。例えば、涙。涙を我慢するよりも、悲しいときは泣き、うれし涙も堪えないほうが幸せです。

笑いも、おもしろいとき、楽しいときは大笑いしたほうがよいでしょう。はしたないからと、口を大きく開けて笑わないのではなく、遠慮なく豪快に笑ったほうが幸福度は高まる傾向があります。もちろん、個人差や文化差もあるでしょうが、大口を開けるかどうかは別にして、そのときの気持ちを味わい満喫することが幸福度を高めます。

またその隣に、「ポジティブ志向＋希望にもとづく認知再構築」と「強みの明確化＋認知再構築」というのがあります。

「認知再構築」とは、リフレーミングとも呼ばれる概念です。例えば、過去に思い出したくもない辛いことがあった事実を、希望にもとづく事実としてポジティブに捉え直すことです。

辛かった経験も、自分に粘り強さや人に対するやさしさを学ばせてくれたなど、辛さを乗り越えて明るい未来を手にした出来事だと考えれば、思い出の意味は逆転します。つまり、ネガティブ思考をポジティブ思考に転換して過去の記憶を書き換えるということです。

過去の事実は書き換えられませんが、過去から現在へ、そして未来へと続いている感情の未来は変えられます。これが認知再構築（リフレーミング）です。

それから、「コーチング＋自己観察＋誤り訂正」の周りに、コーチングという言葉が四つ出ていますが、前述のようにコーチングはもともとカウンセリングから出たものです。

カウンセリングは、心の調子が悪い人の話を聞き、その人の内面を可視化することで病気から立ち直らせるための手法です。一方、コーチングは、調子の悪い人ではなく、一般の人を対象にします。エグゼクティブといわれる経営者や第一線で活躍している人々を対象に話を聞きます。場合によっては、それがヒントになって生きやすくなったり悩みが解決したりと、いろいろなことが起きるといわれています。

米国では、経営者が自らにコーチをつけることは一般的になっています。経営者は孤独な決断を迫られがちですので、自分の悩みや、夢、希望、目指すものなど、自分の内面をさらけ出して聞いてもらうことは、最善の自分を見つけ出すことにつながります。コーチングもカウンセリングも、幸福度を高める活動なのです。

ここに挙げられている、コーチングと名のついた項目は、すべてすでに出てきた行為を独りで行うのではなく、コーチングの力を借りて行うとさらに効果が向上することを表しています。

こうして見てみると、強みやコーチング、楽観性、利他、感謝、ポジティブなど、私たちの提唱する幸せの四つの因子と整合します。幸せになるための方法を高低差のある山として分布させているので、自分の幸福度を高めるためにはいろいろな方法がある、というイメージをうまく表している図だと思います。

みなさんも、自分のどこが弱みで、何が苦手なのかを把握し、自分に合ったトレーニングによってそれを解消してみませんか。

前にも述べましたが、健康と幸せは似ています。腹筋を強くするための筋トレや、脚力を鍛えるジョギングなど、トレーニングにもいろいろあるように、幸せのトレーニングにもいろいろあります。自分はどうせ幸せにはなれないと諦めないでください。現代科学は、みなさんを十分にサポートするだけの知見を蓄積しています。

筋トレの例を挙げましたが、オリンピックで毎回世界新記録が出るのは、人間を鍛える技術が高まっているからだというべきでしょう。同じように、幸せになる技術も、本書でここまで述べてきたように、多くの研究の蓄積があります。

幸せにも、オリンピックの競技種目のようにさまざまな幸福度向上法があるのです。そして、幸福度を鍛え抜くと、オリンピック選手のように幸せの達人になることができるのです。この事実を皆が知り実践する世界、すなわち、健康ブームならぬ幸せブームが長く続く世界をつくっていくべきだと思います。

マインドフルネスとウェルビーイング

ウェルビーイング向上に寄与する活動の一つに「マインドフルネス」があります。もともとはアジア発祥の仏教やヒンドゥー教にある瞑想、座禅などの行《ぎょう》の考えでした。これが米国に渡り、宗教色がなくなり、産業界に取り入れられています。

例えばグーグルでは、社員が毎朝、瞑想をすることによって幸福度が高まり、生産性や創造性が高まるという効果が確認されています。

また、医療行為としても、マインドフルネス認知行動療法という心の病の治療法の一つとしての利用が始まっています。

広義には、姿勢よく座り目を閉じて呼吸に意識を集中し心を整えるマインドフルネスの瞑想のほか、呼吸に集中した散歩やさまざまなリラクゼーションも含まれます。

ウェルビーイング学会

二〇二一年一二月にはウェルビーイング学会が発足しました。発起人として、前野隆司（慶大）、鈴木寛（東大・慶大）、宮田裕章（慶大）、内田由紀子（京大）、秋山美紀（埼玉県立大）、高野翔（福井県立大）、石川善樹（一般財団法人 Well-Being for Planet Earth）、保井俊之（叡啓大）が名を連ねています。

今後、会員募集を行い、学問分野や産官学を超えてウェルビーイングに関する研究を促進したり、レポートを作成したりするなどの活動を行っていく予定です。

第4章

経営とウェルビーイング

1　ウェルビーイングを推進する企業人

ウェルビーイング・ビジネスの可能性

ウェルビーイング産業、幸せ産業というビジネスは、いま流行りの健康産業よりも大きな裾野を持っているのではないかと思います。

食品、筋トレなどのエクササイズ、スポーツ、キャンプなど、健康産業もさまざまです。もちろん医療もあります。非医療の整体や、鍼、灸、マッサージなども含めて、健康産業は多岐にわたります。

これと同様に、幸せ産業も、例えばドクターユーモアやドクター感謝、ドクターポジティブ、さらにはやりがいや生きがいの醸成、つながりのサポートなど、さまざまな視点から幸福度を高める介入を産業化することが可能だと思います。

ウェルビーイングという言葉がこれだけ社会に認知されてきたいま、次はウェルビーイング産業が進展していくと考えるのは自然なことです。これは夢物語ではありません。

予防医学の知識が深まり盛んになるに伴い、健康産業という新しいビジネスが次々に生まれました。同じように、幸せ、ウェルビーイングについての学術的成果が多数出てきている現状を考えると、これをビジネスにつなげようという人がこれから輩出すると考えるのが自然でしょう。

米国では、ポジティブ心理学の学会にはすでに多くのビジネスパーソンが参加しています。日本にこの波がやってくるのは時間の問題でしょう。

ウェルビーイング経営の先駆者たち

次に、社員を幸せにする経営について考えてみたいと思います。

企業におけるウェルビーイングを考えるとき、「近江商人の三方よし」という経営の視点がもともと日本にあったことを思い出します。自分よし、お客様よし、社会よしという総合的な視点です。もともと日本が持っていたウェルビーイング経営の思想だといえるでしょう。

渋沢栄一氏も先駆者の一人です。論語と算盤や倫理観と経済合理性の両立。渋沢氏は会社のあるべき姿として「合本主義《がっぽん》」を提唱しました。出資者が会社を支配するのではなく、多くの者が出資者として企業の設立に参加して、事業から生じる利益を分け合うという考え方です。企業が私益のみを追求するのではなく、社会の発展を実現するために必要な人材と資本を合わせて、事業を推進すべきだという、まさにウェルビーイング経営です。

しかし、残念なことに、その後の日本は近江商人や渋沢氏の理想に沿った形では発展しませんでした。経済成長を急いだ日本はバブルを迎え、バブルの崩壊やリーマンショックを経て失われた三〇年を過ごしました。日本は、理想を忘れかけているのではないでしょうか。いまこそ、日本が世界をリードする幸福経営を思い出すべきです。

ここでは、日本の幸福経営を受け継ぐ三人の人物を紹介しましょう。

近江商人の思想を体現した経営者の一人として、京セラの創業者である稲盛和夫氏が挙げられます。稲盛氏が経営した会社では「従業員の物心両面の幸福」が第一に掲げられています。京セラ、KDDI、JALなど、氏が経営に参画された企業では常にウェルビーイング経営が実施されてきました。また、二〇二〇年まで開講されていた稲盛氏の経営塾「盛和《せいわ》塾」では、「物心両面の幸福」を目指した経営理念が中小企業経営者に伝えられてきました。稲盛氏の考え方は、多くのウェルビーイング経営実践者に引き継がれているのです。

二人目は、経営者ではありませんが、幸せ経営研究の先駆者といえる元法政大学教授の坂本光司氏です。「日本で一番大切にしたい会社大賞」や「人を大切にする経営学会」を立ち上げた人です。大ベストセラーになった『日本でいちばん大切にしたい会社』（あさ出版）という書籍のシリーズを著し、いろいろなよい会社の事例を紹介しています。障害者の雇用や、人々が助け合う職場、やる気を持って働ける職場の条件など、幸せの条件を満たす働き方について、先駆的に研究・紹介してきたのが坂本氏です。

氏の研究は、よい会社・職場について実地調査するタイプのものです。統計学を使って理系的な研究を行う私たちとはタイプが違いますが、同じ幸せ経営についての研究者という意味で、非常に尊敬している先生です。

三人目は、天外伺朗氏です。天外伺朗とは、ＣＤやＡＩＢＯ、ＱＲＩＯなどのロボット開発で有名な元ソニーの常務土井利忠氏のペンネームです。米国流の成果主義経営に厳しい批判を行ったりもしていましたが、ソニー退社後、ご自身で「戦う土井利忠の葬式をして天外司朗に生まれ変わった」といって、以後は天外名で著作活動をされています。

天外伺朗氏の活動の一つに、「天外塾」という経営塾があります。また、社会への貢献度が高く、かつ従業員も幸せに働く会社を増やしたいという思いから「ホワイト企業大賞」を実施しています。もともとあった「ブラック企業大賞」に対抗して始めた賞で、私も企画委員として参加しています。また、近年は私との対談本（『幸福学×経営学 次世代日本型組織が世界を変える』内外出版社、二〇一八年）も出されています。

以上挙げた稲盛和夫、坂本光司、天外司朗の三氏は、日本における現代ウェルビーイング経営の先駆者だといえるでしょう。

従業員ウェルビーイングとエンゲージメント

企業には人事部門があります。かつて人事では、従業員満足度の調査が盛んでした。従業員が働くうえで仕事や環境に満足しているかを調べるものです。

その後、モチベーション調査なども取り入れられ、最近では、前にも述べた従業員エンゲージメント、ワーク・エンゲージメントなどのサーベイが盛んになっています。次に来るのは、従業員ウェルビーイングではないかと私は思っています。

かつては、顧客満足度ＣＳ（Customer Satisfaction）に対するものとして従業員満足度を計るＥＳ（Employee Satisfaction）の調査がよく行われましたが、最近ではそれがエンゲージメント調査に移っているように思います。従業員をただ満足させるだけではなく、従業員が主体的に仕事に対する高い熱中度や職場とのよい関係性を持つことが重視される世の中の流れに対応しているものと思われます。

エンゲージメント・サーベイの内容を見ると、後述するウェルビーイング・サークル（第6章191ページ）の内容に近いものもありますが、今後はさらに、よりよい心の状態で働くことができているか、という方向に進んでいくものと思います。

あとでも述べるように、エンゲージメントはあくまで「従業員にはこの会社を気に入って働いてほしい」というような企業目線からの考え方であるのに対し、ウェルビーイングは「そもそも人間は幸せに生きるべきである」という人類目線だからです。

人類がいかに生きるべきかを問われるポストパンデミック時代に、働き方についての考え方もウェルビーイングに向かっていくものと思います。

従業員の幸福と働き方改革

第2章でも述べたように、ウェルビーイングが産業界で取り上げられはじめたのには、国が健康経営と働き方改革を推進している事情も関係しているというべきでしょう。健康経営というと、身体的健康にばかり目が行きがちかもしれませんが、生き生きと働くといった、より広い意味も含んでいます。

また、働き方改革も、もともとは少子化が進む日本経済の将来を危惧して、女性も高齢者も障害のある人も、みなが力を合わせて生き生きと働くようにしなければならないという安倍政権の考え方にもとづいていました。下降を始めたGDPをもう一度増加に転じさせるための経済改革の一つという文脈から出てきたもので、そこにはウェルビーイングや幸せという概念はありませんでした。

しかし、働き方改革が進むなかで、時短や残業抑制、最低賃金保障などは進んだものの、企業内には働き方改革疲れのようなものが見られるようになりました。そこで、働き方改革とウェルビーイング・幸せを両立すべきだという流れが出てきたのです。

幸せな従業員は生産性や創造性が高いというエビデンスがあるのですから、従業員を幸せにすることが働き方改革につながるというわけです。

こうして、ただ身体が健康になるだけではなく心の健康も考慮すべきだとする健康経営とも相まって、社員の幸せという考え方を大切にするウェルビーイング経営が注目されています。

ウェルビーイングを推進する企業と企業人

私たちが特徴的だと注目するウェルビーイング推進者を二人挙げましょう。

一人は、前にも少し触れた楽天の小林正忠氏です。楽天でCWO（チーフ・ウェルビーイング・オフィサー）を担当しています。会長兼社長の三木谷浩史氏と楽天を創業した一人で、マサタダが本名だと思うのですが、みなからはセイチュウと呼ばれています。楽天には三木谷氏が強烈な個性で会社を引っ張っていくトップダウン型企業のイメージがありますが、小林氏はそのなかでCWOという役割を担っています。

具体的には、コーポレートカルチャー部門の下に三つの部署（ウェルネス部、エンプロイーエンゲージメント部、サステナビリティ部）を設け、それぞれ個人のウェルビーイング、組織のウェルビーイング、社会のウェルビーイングを実現するミッションに取り組んでいます。

もう一人は、人と社会を大事にする企業を増やすコンサルタント会社であるIdeal Leaders（アイディール・リーダーズ）の共同創業者で、CHO（チーフ・ハピネス・オフィサー）を務める丹羽真理氏です。エグゼクティブ向けに多数のコーチングを行い、社員の幸せ（ハピネス）を向上させるリーダーとなるCHOの設置を企業に広める活動をしています。

もちろん、この二人以外にも、CWOやCHOを名乗る人は国内外に数多くいます。ウェルビーイングやハピネスを推進する動きは、着実に産業界にも広まっているのです。あとでたっぷりと幸せな会社の事例を紹介するつもりですが、ここでは代表的な社名だけ挙げておきましょう。それは、伊那食品工業、ネッツトヨタ南国、西精工の三社です。資本金三億円以下で従業員三〇〇人以下を中小企業とするなら、これらはみな中小企業ですが、幸せな会社の代表格だと思います。

よく、「大企業で幸せな会社は?」と聞かれますが、この三社のように幸せな大企業は見たことがありません。一社だけ挙げるとすれば、オフィス向けのソフトウェア開発会社サイボウズは幸せな大企業といえるでしょう。

同社は、社長の青野慶久氏がパナソニック（旧松下電器産業）出身ということもあってか、松下幸之助氏の薫陶よろしく社員を大切にする幸福度の高い会社だと思います。サイボウズについても、あとでその考え方を詳しく紹介します。

幸福度の高い会社としては、以上の四社を紹介したいと思います。もちろん、ほかにもいい会社は無数にあると思うのですが、私たちが見学した会社のなかで最も印象的だった会社として挙げています。

幸福度とパフォーマンスの関係

『ハーバード・ビジネス・レビュー』（ダイヤモンド社）の二〇一二年五月号に、著名な研究結果を集めた「幸福の戦略」という特集が組まれました。そのなかで、幸福度の高い社員の創造性はそうでない社員の三倍高く、生産性は三一％高く、売上も三七％高い、とリュボミアスキー氏（前出）やディーナー氏（前出）らが解説しています。

また、幸福度の高い社員は、そうでない社員よりも欠勤率が四一％低く、離職率が五九％低く、業務上の事故が七〇％少ないという研究結果もあります。

つまり、幸せな人は創造性も生産性も高く、ミスも少なく休んだり辞めたりもしないということです。働く者にとって幸福度がいかに大事であるかを理解できると思います。

また、公益財団法人日本生産性本部の作成した資料に、OECD諸国の幸福度と労働生産性の関係を示したグラフがあります（図表9）。

横軸に幸福度、縦軸に一時間当たりの労働生産性を取ると、相関係数0・64で中程度の相関を呈する比例関係が認められます。つまり、幸せな国は生産性が高い傾向があります。

日本や韓国は幸福度が低位にあるので、生産性を上げるためにも幸福度を上げる努力が必要といえるでしょう。ただし、第6章でも述べるように、幸福度の順位は測り方によって異なりますので、この順位が日本の実態かどうかは吟味する必要があると思います。とはいえ、北欧はどの調査でも高位置を占め、その幸福度は高い傾向があります。

前にも述べましたが、格差が小さい国ほど幸福度は高い傾向があります。なぜなら貧困は幸福度を下げるのに対し、高福祉国家をつくると貧困が改善されるからです。つまり、多く

図表9　OECD諸国の幸福度と生産性の関係

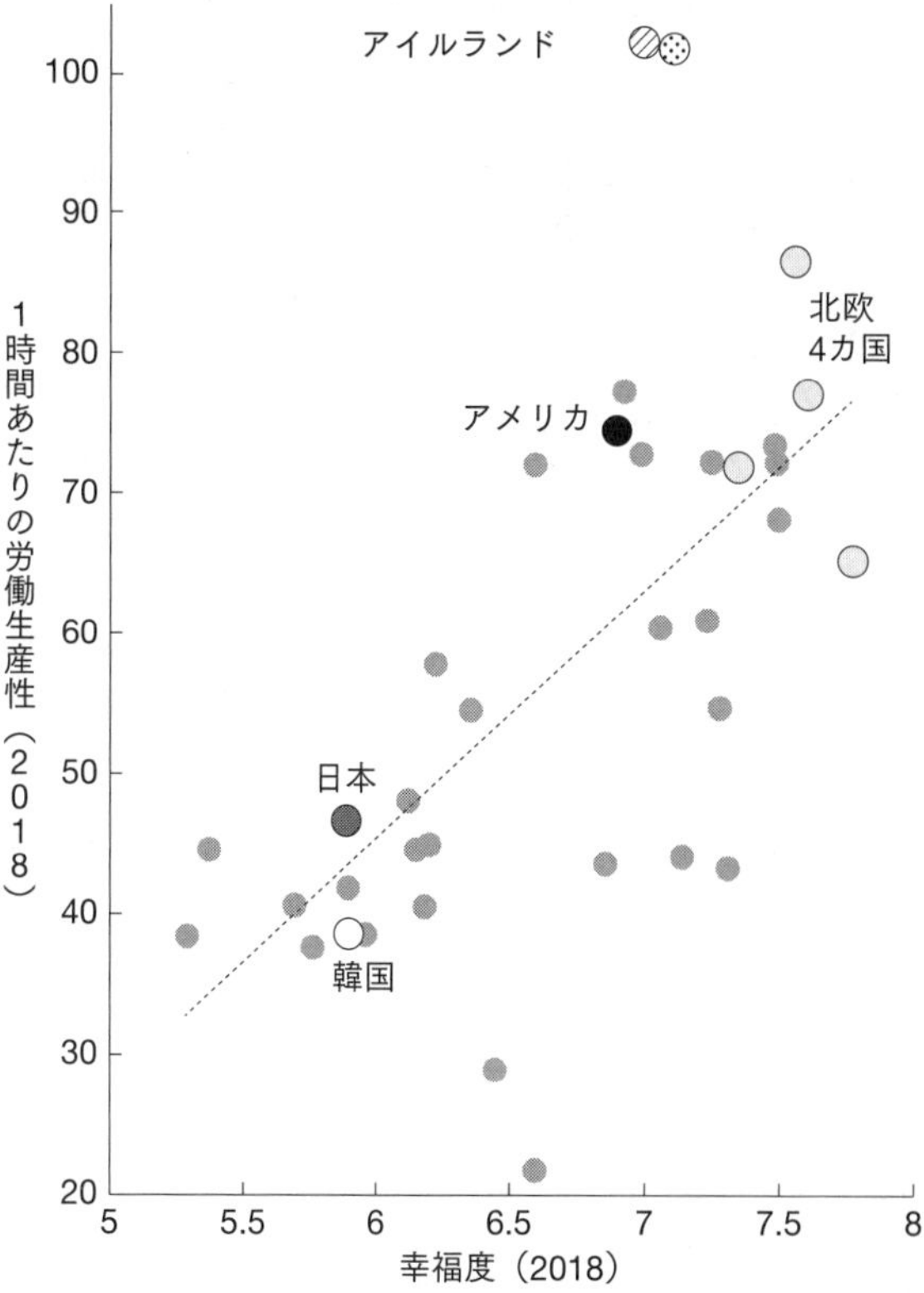

注：相関係数は0.64。点線は回帰直線（単回帰）。
●は日本、◯は北欧4カ国。
◯はアイルランド、◯はルクセンブルク、●は米国、◯は韓国。
出所：公益財団法人日本生産性本部「労働生産性の国際比較2019」；
Helliwell J.F.et al. 2019 World Happiness Repoet.

の国民が中流意識を持つような平等な国は幸福度が高い傾向があります。だから、福祉政策の進んだ北欧は幸福度が高く、生産性も高いのです。

幸福度と多様性の関係

多様な人が共に働くことが大事だといわれますが、実は幸せと創造性と多様性の三者にはゴールデントライアングルのような関係性があります。

幸せと創造性については先ほど述べた通りですが、私たちの研究では、幸せな人は多様な友人を持っている、という結果が得られています（図表10）。つまり、均一な友人を持つよりも多彩な友人を持つほうが幸せなのです。

また別の研究では、多様なチームは均一なチームよりもイノベーティブであるという結果が得られています。多種多様な人がいれば、さまざまな角度からのおもしろいアイデアが出るのに対し、同質の人ばかりではアイデアも偏るというわけです。

幸せと創造性と多様性はまったく別の言葉のようですが、関連し合っているのです。したがって、幸せな職場をつくりたければ多様性の高い職場にすべきであり、多様で幸せな職場

図表10　幸せ（well-being）・創造性とダイバーシティー・インクルージョン

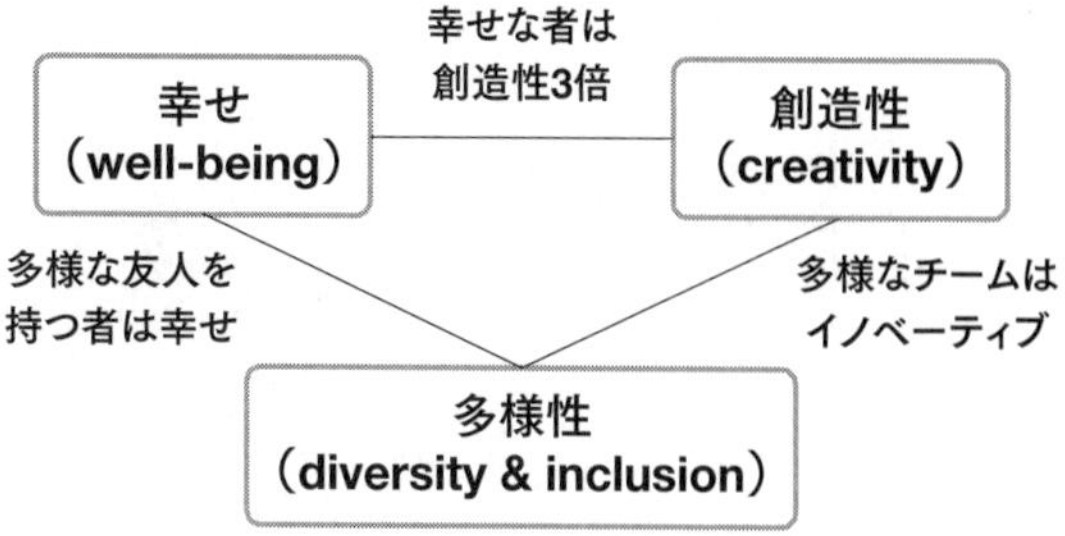

は創造性が高くなります。同時に、幸せで創造性の高い職場は多様性が高いといえます。つまり、ダイバーシティ&インクルージョンは幸せのためにも重要なのです。

また、明治大学の野田稔教授は「イノベーターのイメージが変わってきた」と発言しています。創造性を発揮して新しい何かをつくろうとするときに、昔といまとでは向き合い方や取り組む覚悟などが変わってきていると。

昔のイノベーターには、苦労をものともせず、リスクも恐れず果敢に単身で荒海に乗り出すというイメージがありました。しかし最近のイノベーターは、野田教授いわく、世の中に求められていることを、楽しくおもしろい気分で探し歩いている感じだというのです。わくわくドキドキがキーワードです。先述の近藤麻理恵さんの話とも符合します。

おもしろいと思ったらとにかく始めてみて、仲間と対話しながらブラッシュアップさせていく。そんなスタイルになっているといいます。

まさにこれはウェルビーイング・イノベーション時代の到来、といえないでしょうか。米国西海岸のスタートアップや、サイボウズ、ゲームソフト開発のアカツキ、ヤフーなどのオフィスは、非常に楽しそうな雰囲気です。幸せな状態では創造性も生産性も高く、欠勤も離職も少なく、ミスも起きにくいのですから、イノベーションが起こりやすいのです。

実際に米国西海岸のGAFAの社員は、苦労や辛酸を超えて働く雰囲気ではなく、実に楽しそうに活気に満ちて働いている印象があります。

ウェルビーイングの研究が進んできたおかげで、歯を食いしばって働くよりも、やりがいと強い自己を持って人とつながりながら生き生きと楽しく働くほうがいいというふうに、イノベーター像が変化しているといえるでしょう。

ジョブ・クラフティングという考え方もあります。ジョブ・クラフティングとは自分の仕事のやりがいについて考え直してみることです。自分が何をしたいのか、この仕事にはどういう意味があるのかなどを考えます。キャリア・コンサルタントという資格もできました。

これらは、生産性や創造性を上げるために、まずは働く社員がやりがいや生きがいを持つ、つまり幸せに仕事に取り組むことができるようにすることにつながります。

2　企業経営の事例とウェルビーイング

ウェルビーイング優良企業に見る押しつけない経営

前にも取り上げましたが、京セラの稲盛和夫氏は、創業当時から全社員の物心両面の幸福を追求する、つまり社員が幸せであることが大事だとされています。最近では、清水建設の井上和幸社長も社員の幸せが大事だといっています。

また、トヨタ自動車の豊田章男社長も、トヨタの使命は「幸せを量産」することだ、という考えを打ち出しています。つまり、お客様に車を提供するのではなく幸せを提供するのだという大胆な発想の転換が見られます。

同様に積水ハウスの仲井嘉浩社長も、家をつくるのではなく「我が家を世界一幸せな場所にする」と発言していて、いよいよ企業トップが「幸せ・幸福」という言葉を使う時代に変わってきたと感じます。

それでは、社員とお客様、どちらの幸せが大事なのかといえば、近江商人の伝ではないですが、わが社にもお客様にもよければ、それが結局は社会を幸せにすることにつながる、ということをみなさんは示しているのだと思います。

では、次に幸せ追求企業の事例を見ていきましょう。

年輪経営を追求する伊那食品工業

伊那食品工業は、長野県伊那市にある幸せな会社として有名な企業で、「かんてんぱぱ」という寒天をつくる会社です。

現在は息子さんに社長の座を譲られた塚越寛氏が伊那食品の経営に参画したのは、いまからおよそ六〇年前のことです。「いい会社をつくりましょう～たくましく　そして　やさしく～」。これが社是・企業理念です。

では「いい会社」とはどういう会社でしょうか。会社案内から抜粋すると、「会社を取り巻くすべての人々が、日常会話のなかで「いい会社だね」といってくださるような会社のことです。いい会社は自分たちを含め、すべての人々をハッピーにします」とのことです。

つまり、会社の目的はいい会社をつくることで、利益を上げることはそのための手段であると、明確に打ち出しているのです。目先の効率は求めない。売上や利益の目標は立てない。前年よりも成長だけは目指すなど、理念を具体化した決め事も明確です。

塚越寛氏は、著書の『リストラなしの「年輪経営」』（光文社）で説く哲学でも有名です。木は毎年少しずつ太くなっていきます。今年は陽気がよいからといって、いきなり二倍になろうとはしません。それが自然の摂理です。会社の経営も自然の摂理に合っているべきである。つまり、毎年少しずつ伸びる会社を目指すべきである。これが年輪経営の哲学です。実際に、前年より少しだけ成長することを目指す経営に徹しています。

その徹底ぶりを示す逸話が残っています。かつて寒天がブームになった時期があったそうです。寒天をつくればつくるだけ売れる状態でした。しかし、伊那食品だけは寒天を増産しなかったそうです。

同業他社は寒天製造機を新たに導入して増産に励み、ブームの利益を享受しました。しかし、ブームは必ず去ります。去ったあと、過剰設備がたたって倒産の憂き目を見る会社が続出するなかで、伊那食品工業は目先の利益に走らず少しずつの成長を目指したおかげで結局は生き残ったのです。

塚越寛氏が最初に経営に参画した六〇年ほど前は、寒天業界での伊那食品工業の位置はほとんど最下位だったそうです。それが長年の年輪経営の結果、いまや、寒天業界で押しも押されもせぬナンバーワンです。六〇年の間、ずっと増収増益だそうです。

興味深いことに、目先の利益を追わない会社が、最も長期的に利益を得たのです。つまり、ウェルビーイング経営は、長期的安定経営なのです。

伊那食品工業は現在、商品が非常に多様化していて、ただ寒天をつくっているだけではありません。例えば、寒天と蜂蜜を混ぜることによりベタベタしない蜂蜜を開発するなど、多くのイノベーションを起こしている会社なのです。

従業員がやりがいを感じ、創造性を発揮して生き生きと働いた結果、イノベーションを起こすことができ、会社も安定して増収増益になっているのです。幸せな人は創造性が高いという事実を体現しているともいえるでしょう。

伊那食品工業の理念を具体化した考え方は、一般的な経営と比べるとユニークです。例えば、業績の評価はしない。会議には資料はないし、報告もない。給料は六〇年間毎年全員上げてきた。表彰はしない。給料にはほとんど差をつけない、といったものです。

そして、朝は社員が自主的に東京ドーム二個分のガーデンを掃除することも行っています。掃除というのは利他的な行為ですから、人にやさしくする力の育成につながります。また、各自の俯瞰的な気づきの力の教育にもなっていると思います。

誰がどこを掃除するかは決められておらず、朝に集まってから、「自分は玄関を掃除する」「自分は花壇を整える」「自分は芝生の手入れをする」など、それぞれが決めます。全体を見て判断し、その場でその日の作業担当を決める、ということが、俯瞰的に気づき俯瞰的に考える力を育んでいるといえるでしょう。つまり、社員全員が経営者のように考える訓練になっていると思います。

掃除は「ありがとう」因子を高めるのみならず、「やってみよう」因子、「なんとかなる」因子、「ありのままに」因子も同時に高め、自律心とリーダーシップを鍛える効果も担っているのです。

そのほかに、社員駐車場ではいつのまにか社員が車の後ろを揃えるようになった、お客様のための傘の向きも揃っているなど、一見過剰気味と思えるほどにきちんとしています。しかし、自分の姿勢がよいと幸せになるという研究もあるように、会社がきれいに整っていれば心もきれいになり、それで幸せになるということだと思います。

最後にこうした理念についての質問に対する、現社長の塚越英弘氏の答えを紹介します。

「会議には資料がないとありますが、資料がなければ不便ではないですか」との質問に対する答えは、「家族で何か話し合いするときに子どもに資料はつくらせないでしょう。家族でしないことを社員にさせる必要はないでしょう」というものでした。

「給料にほとんど差をつけないとありますが、それでは出来のよい社員が文句を言ったり出来の悪い社員がサボったりはしないのですか」との質問に対して、「家族でお兄ちゃんは出来がよいから小遣いをたくさんあげる、妹は出来が悪いから小遣いを減らす、ということはしないでしょう。家族でしないことは会社でもすべきではありません」という答えでした。

そこで、このような絶妙に管理しない経営は難しいのではないかと質問したところ、返ってきた塚越社長の答えは、「いや簡単です。家族だったらどうするだろうかと考えるだけです」というものでした。

伊那食品工業では、社員の方々が本当に家族のように仲よく生き生きと働いています。みなさん、充実したよい顔をしていました。

朝礼に見る西精工の幸せな改善活動

徳島市にある西精工は、自動車、家電、弱電などで使用される小型・極小のパーツやナットを製造しています。従業員は二五〇人。チームごとに朝礼を約一時間行うなかで、自分のミッションと一週間の予定の共有、そして今日の改善点等を話し合うことに加え、企業内大学を行うなど、いろいろなことをしています。

驚くべきはホワイト企業大賞でアンケートを取ったときに、九〇%の社員が月曜日、出社するのが楽しい・ワクワクすると答えていたことです。休日の明けた月曜日には、早くみんなに会いたかったと社員一人ひとりがイキイキ働いている会社でした。

社長の西泰宏氏の話では、推進したことは「挨拶」「掃除」「コミュニケーション」だということです。

西氏が、親の経営する西精工に戻った当初は、挨拶もない、汚い、コミュニケーション不足の会社だったそうです。二十数年かけて、この三つを徹底しただけで劇的に変化したわけですから、ウェルビーイング経営は難しいようで基本はシンプルなのです。

挨拶をする人はしない人より幸せであるという研究結果もあります。挨拶は大事です。掃除は、伊那食品工業でもそうであったように、会社や生活環境がきれいになれば心もきれいになるということでしょう。

そしてコミュニケーション。現在は時間制限を設定しない方針に変えられたそうですが、私たちが見学させていただいたときは毎朝一時間程度の朝礼をしていました。

前半は経営理念やミッションを共有する時間でした。例えば、今日は理念のなかに述べられた文章を見ながら、利他について考えよう、というふうに、毎朝勉強するわけです。こうすることで、社員すべてが会社の理念を共有できます。幸せな会社の行う基本の一つだと感じました。

後半は、「今日の改善」に当てられます。全員が今日行おうとしている業務の改善点を発表し、助言し合うのです。

私たちが参加したのは、営業と資材の社員三〇人弱が集まってミーティングしているグループでした。発表者が「今日行う自分の改善点は、わが社の理念をお客様に伝えること」と発表すると、他の社員から「それでは抽象的すぎる。具体的に何をする」と厳しく問い詰められていました。

発表者の発言に、みなが遠慮のない意見をいい合って、効果が上げられる具体的な改善点に落とし込んでいく。そんな会話が続いていきます。

その日の朝礼は、結局一時間を超えるものになりました。朝礼を通して、全員がまず自分たちの共有する目標や理念をしっかりと確認し、後半では社員各々が今日はどんな新しいことに挑戦するかを明確化しているのです。

仕事というものは、ルーティンワーク化されて「やらされ感」が起きると幸福度は下がるものです。逆に、毎日自ら改善しているという意識を持って仕事に臨めることは、やりがいとつながりが感じられる職場づくりになっていると感じました。

また、幸せな会社はイノベーティブです。西精工は、西氏が戻った当時、低価格の一般的なナットをつくっていました。しかし、中国などに進出した会社の低価格に押され、価格競争にさらされて、業界では日本に残っていては生き残れないといわれていたそうです。そこで西氏は、家族のように社員を大切にする経営に転じるのです。また製品も、価格競争にさらされている低価格ナットから高品質で自社独自のナットに特化しました。自動車用や情報機器用など、非常に小さな精密ナットです。

朝礼で見たように、社員が毎日改善提案をしているので、アイデアが研ぎ澄まされ、その結果高品質製品が生まれる。レッドオーシャンといわれる利幅の少ない市場で他社と戦い低価格化競争に陥るのではなく、自分たちだけの市場、ブルーオーシャンを見つけて社員が生き生きと幸せに働く。幸せを感じている人は創造性も高くなります。社員が一丸となって毎日改善提案をしていくのですから、当然高品質のナットもつくれるわけです。

こうして見てくると、社員を幸せにすることは、経営戦略の基幹そのものです。幸せになれば創造性が上がり、高品質製品を生み出して利益が上がる、という好循環が達成できるのですから。

ネッツトヨタ南国――日本一非常識なディーラー

高知市にある自動車ディーラー、ネッツトヨタ南国もユニークな会社です。商品はトヨタ自動車の製品ですから、他のトヨタディーラーと差はないはずですが、顧客満足度一位を十数年連続して獲得するような、サービスで他社を圧倒する競争力を持つ会社です。

この会社の考え方がまた驚きです。「組織図をつくらない」「社長室をつくらない」「壁をつくらない」「上意下達をしない」「多数決をしない」「真似をしない」「プロに頼らない」「マニュアルをつくらない」「失敗をとがめない」「できない理由を考えない」「教えない（教えると知識が増えるだけで、人間的に成長しないから）」「見守る、信頼する、考えさせる」と、いわば、「経営しない経営」とでもいえるような会社運営がされています。

プロに頼らないとはどういうことか。自動車ディーラーなので、新車発表会などでは従業員がみんなで工夫を凝らし、店舗を飾り、パフォーマンスの舞台を行うなどしてお客様を迎える用意をするそうです。

その際に、プロに頼むとあか抜けた格好のよいものができるかもしれないのですが、社員たちの熱意や思いをお客様に届けることができず、また自分たちにノウハウも溜まりません。したがって、素人臭さが前面に出ても、みんなでつくるわけです。例えば、ダンス部出身の女性が中心になって、音楽に合わせてダンスを踊ってスタートするなど、非常に楽しいお客様の迎え方になっています。

先に紹介した製造業二社も明るく前向きな社員が印象的でしたが、ネッツトヨタ南国では、販売・営業独特の生き生きしたパワフルな元気さに感じ入りました。

創業者で現相談役の横田英毅氏が社長時代にしたことは、社員のやりがいを高めることだけだったそうです。

横田家は、自動車ディーラーや、他にも合計二五社を擁する実業家一族でした。横田氏がまだ三〇代の頃にネッツトヨタ南国が発足する際、若き横田氏に社長のお鉢が回ってきたのです。

突然社長を任されることになった横田氏は、理工学部出身のうえ経営経験もない若い自分には、何の強みもないと思ったそうです。唯一の自分の強みはよい価値観を持てることなので、よい価値観を追求し続けるよい会社をつくろうと、腹を決めました。

資産家に育った御曹司ですから、金儲けに走ろうとは露とも思わない。よい価値観というのは社員の幸せである。社員の幸せはお客様の幸せにもつながる。会社での幸せといえば、仕事を通しての働きがいだろうと考えたということです。

横田氏がネッツトヨタ南国を託された際に思ったことは、もう一つ。若き資産家の自分ならば、長く経営に携わることができる。それなら、時間をかけてよい価値観を持つ会社をつくれるかもしれない。大きな利益を上げて会社を大きくするのではなく、小さくてもいいから、よい会社をつくってみよう。

三〇代で社長になった自分は今後二〇年以上社長ができるので、その二〇年をかけて理想の会社を創ろう。そう決断したそうです。

それからは、自家用車は下取りした中古車で、縦型ヒエラルキーを否定するために三日に一度はスーツではなく整備士と同じツナギを着て出社し、理想を語り続け、採用以外は何もしなかったといいます。働きがいのある会社にするために、社長自ら率先して、きらびやかさを求めないことを見せたのでした。その結果、顧客満足度一位を十数年連続で獲得する会社に育ったのです。

この会社の興味深いところの一つは、商談の際に値引きを武器にしない点です。

ディーラーなので、周りの同業他社は当然のごとく値引きを顧客獲得手段にしています。前述の伊那食品工業も西精工も製造業ですから、製品の高い品質が競争手段になりますが、ディーラーは商品の品質には手が出せません。結局サービスが勝負となり、値引きは大きなサービスのはずです。

しかしネッツトヨタ南国は、値引きを超える高品質のサービスが売り物になっているのです。幸せに生き生き働いている社員のサービスを受けて、お客様の満足度は非常に高くなります。したがって、値引きよりもこの会社のよいサービスを受けたいと、お客様を虜にしているのです。

私たちが見学させていただいた際、お客様の一人が、「この会社は客に対して失礼だ」と立腹されたという話を聞きました。そのお客様に当時の横田社長は、「それは申し訳ありません。でも、当社はお客様よりも社員の幸せを重視します。お客様を幸せにするために残業し続けて社員がストレスを受けるようだと困りますので、明日にしてくださいませんか。もしお気に召さなかったら、どうぞ他社に行ってください」と対応したそうです。それを聞いた私たちはびっくりしてドキドキしたのを覚えています。

社員が第一だと、社内向けだけでなくお客様にも堂々と公言してしまえることが、この会社のすごいところです。

横田氏は、「わたしが社員に幸せに働いてほしいと思うからこそ、社員たちはお客様にも幸せになってほしいと思う人になるのだ」といっていました。幸せな人は、創造性に富み利他的でよい人ですから、結局はその社員のサービスはすばらしいものになります。

全国にトヨタのディーラー多数あれども、そのなかで顧客満足度ナンバーワンを十数年も続けられるのは、お客様の満足を得続けている証左です。サービスなどよりとにかく値引きしろ、というお客様は他社に流れますが、ネッツトヨタ南国の姿勢に賛同するよいお客様の満足を勝ち取って、それによって値引きをせずに営業を続けられ、利益につなげることができるのです。このことは結果として、低価格競争に巻き込まれずにすむことにつながっています。

社員の幸せが会社を成長させる

幸せ企業を体現している三社の共通点は、社員たちがまず幸せに仕事をし、会社生活を送っていることです。人としての成長を目指すことも、会社へ行くのが楽しみであることも、みな家族のように仲がよいことも、すべて幸せの条件です。

その条件は、「やってみよう」因子の一部であるやりがいを持ち、感謝を忘れずに利他が循環する「ありがとう」因子があり、「なんとかなる」因子のチャレンジ精神に満ちて新製品や新たな工夫が次々に生み出され、そして「ありのままに」それぞれの個性が活かされているということなのです。

ネッツトヨタ南国の顧客満足度グラフを見たときには、本当に驚きました。ネッツトヨタの全国に広がる代理店の顧客満足度を横軸に、売上を縦軸に示したグラフです。分布は正規分布しますので、散布図を見ると、中心に点が集まり、周りに行くほど少なくなっていくのですが、ネッツトヨタ南国を示す点だけが特異値のように右端にぽつんと一つあったのです。

他社とは顧客満足度の差があまりにも大きく、偏差値50が平均だとすると、ネッツトヨタ南国だけは偏差値80で燦然と輝く一つ星のように飛び抜けていました。

何年間もそういう状態が続いていたので、他社もネッツトヨタ南国に見学に来て真似をするようになり、総じて顧客満足度が高まっているとのことです。全体として顧客満足度が高まり、それによって他社の偏差値も次第に近づいてきており、業界全体のレベルが上がっていることは喜ばしいことであると横田氏は話してくれました。

しかし、他社はまだ利益を出すためにお客様や社員を幸せにするという発想であるのに対し、ネッツトヨタ南国は利益よりも幸せ、働きがいが第一ということが浸透しており、他社の一〇年ほど先を行っているように思います。

他社が頑張る以上に、こちらも成長を止めることはなく、しかも、人間としての成長を止めないので、独自の差別化戦略を追求できると、語ることのできる会社なのです。

この、人間としての成長というキーワードも三社の共通点です。伊那食品工業も西精工もネッツトヨタ南国も、いずれの社員も自分はいま以上に成長したいと口にします。会社の成長ではなく、人間の成長です。人間としての成長は、人の幸せのために大事な要素ですが、三社の社員は成長を目指して、生き生きと働いています。

誤解を恐れず例えるなら、彼ら彼女らの働き方は、学園祭の準備の様子に似ています。学園祭の準備は、もちろん利益が目的ではなく、友だちと徹夜でわいわい楽しみながら頑張れたものです。みなに一体感があって、なし遂げること自体が目的となっていました。ところが仕事になると、金のため生活のため利益のために、楽しいとは思えずとも仕方なく頑張るとなりがちです。

しかしこの三社の社員は、本当に毎日が学園祭の準備のようなマインドで仕事に取り組んでいます。いずれも給料のため、利益のために働くのではなく、仲間と共に仕事をすること自体を楽しみ、それぞれに改善や工夫を凝らし、生き生きと働くこと自体を楽しんでいます。

もちろん、学園祭との違いは、実際には会社なので利益を得ることも大切だということなのですが、それが第一優先になっていないばかりか、そうであることを忘れるほど、やりがいやつながりが重視されているということなのです。

もちろん、それを束ねる経営者は、社員をお仕着せのマニュアルやルールで縛りすぎることなく、できるだけ仕事を任せ、社員自身の判断に任せて、働きがいとつながりを持って働くことを心から目指しています。そういう意味で、この三社は共通しているのです。

ボーダレス・ジャパン――社会課題を解決するための集合体

ボーダレス・ジャパンは、以上の三社とは少し毛色の違う会社です。

この会社は、社員が幸せな会社というよりも、社会を幸せにすることに力点を置いた会社というべきでしょう。

「社会問題をビジネスで解決する、ソーシャルビジネスしかやらない会社」を標榜し、社会起業家の数だけ社会課題を解決できるとして、ソーシャルビジネスを志す起業家を募ってできた企業集合体です。代表は田口一成氏です。

要するにボーダレス・ジャパンが親会社となり、それぞれが国内外のさまざまな社会課題を解決する子会社をたくさんつくっているわけです。これまでに一三カ国で四〇社ほどを設立し、今後も年間に一〇〇社をつくっていきたいとのことです。

田口氏によれば、各社とも一〇億円の売上にする自信があるそうです。つまり一〇〇〇社を達成すれば、一兆円の売上になります。これを確実に達成するつもりだとのことでした。

ボーダレス・ジャパンは、社会課題を解決したい人が安心して取り組めるようなエコシステムである、つまり「恩送り」の仕組みだと田口氏はいいます。

社員が解決したい社会課題が明確になると、その際に一年分の一五〇〇万円を支払うそうです。その一五〇〇万円で一年間、自分の給料と活動費を賄ってもらうという意味です。

一年間活動して結果が出なければ、また一五〇〇万円出して、二年目の挑戦をしてもらいます。これが、自立するまで続きます。ほとんどの会社が二年ほどで自立し、利益が出るようになるといいます。

一般に、社会課題解決というのは、なかなかお金につながらない事業だと考えられています。物的な豊かさや利便性を消費者に提供して利益を得る一般企業と違って、社会課題解決は公的支援を受けて成り立っているNPOやNGOの分野だというのが一般的な解釈でしょう。企業としてきれいごとをしようとしても、なかなか利益を上げられずうまくいかないからです。

そんな社会通念のなか、ボーダレス・ジャパンは社会課題解決を着実にビジネスにし続けることによって、地球を幸せにすることに正面から取り組んでいる企業です。

後述の「shiawase シンポジウム」での講演を田口社長にお願いしたとき、「幸せについては何も語れませんよ」といわれ、「いえいえ、ボーダレスの活動は世界中の人々を幸せにしている活動だから、そのことを話していただきたいのです」と説明したのを覚えています。

ですから、社員の皆さんも、自分たちが幸せな会社だとは気づいていないかもしれません。

しかし、課題解決を「やってみよう」、どんな課題も「なんとかなる」と新しいやり方を「ありのままに」行い、多くの人から「ありがとう」といわれている会社ですから、生き生きと真剣に課題解決に挑んでいるボーダレス・ジャパンの社員はみな、ウェルビーイングの高い方々であると感じました。

海外でも、バングラデシュのグラミン銀行に見るように、貧困に喘ぐ人々に事業資金を貸し出し、生活の質の向上を促すシステムを構築している企業もあります。いま、世界中で、人々のウェルビーイング向上を模索し社会課題を解決する企業活動の流れが活発化しているのです。

離職率を激減させ売上を好転させたサイボウズ

サイボウズは、社長の青野慶久氏が、幸せな会社づくりのためにいろいろと活動をされているＩＴ系企業です。

昔は離職率が高かったそうです。離職率が高ければ、人を補充して教育しなければならないので非常にコストがかかります。だから辞めていかないような会社にしなければならない、と当時の青野氏は思いました。そのころは、特に社員を幸せにしようなどとは思わなかったとのことです。

社員が辞めない会社をつくるためには、辞めたくなった社員の意見をとにかく聞いて、まず辞めたくならない制度をつくろうとしました。

週休三日にしてほしいという人には、週休を三日にする。もちろんその分の給料は下げますけれど。残業したくない社員に残業はなし。子育てのための育児休暇が三年ほしいという人がいたら三年の育休を与える。友人の起業を手伝いに行きたいが、軌道に乗る三年ほど後にまた戻ってきたいという人にも戻ってこられる制度をつくる。

とにかく社員のさまざまな要望に応じて種々の制度をつくっていくと、離職率は急激に下がったそうです。

同時に、kintone（キントーン）というクラウドサービスが当たって売上も伸びていきます。離職率が下がっていくカーブに反比例して売上の伸びていくカーブを描くようになりました。社員を幸せにすれば社員は生き生きと働くようになって、結局売上も伸びることの証明です。

サイボウズについては、もう一つ感動した話があります。

同社がクラウドサービスで業績を伸ばしはじめたときに、グーグル（Google）がクラウドに参入してきました。グーグルが参入してくれば、サイボウズのような小さな会社は吹き飛んでしまう。しかし、グーグルの参入を阻止する手立てもなかったため、会社が潰れたらもうこの仕事もやめようと思ったそうです。ところが、グーグルが参入してきても負けませんでした。

ＧＡＦＡは、利益を上げることを第一目的としてビジネスモデルを構築しています。それに対してサイボウズは、働く人がより楽しく幸せに働くために役立つことを常に第一に考えている会社です。したがって、クラウドサービスの内容も、利益を上げるための発想ではなく、人々を幸せにするために何をすべきかを発想の基本としています。

この結果、サイボウズの商品を、グーグルは真の意味で真似することはできない。そう気づいたら、グーグルは怖くなくなったそうです。

従来型の、利益を上げて巨大化するという考えではなく、お客様や自分たちの幸せを本気で考えるというビジネスモデルにもとづいて考えれば、ＧＡＦＡのような巨大企業にさえ負けないことを、サイボウズは示したのです。

もちろん、会社としてグーグルに勝ったわけではなく、あるクラウドサービスではグーグルに負けずに終わったという話ではありますが、日本の可能性を感じる逸話です。

ボーダレス・ジャパンやサイボウズの話からは、社会とお客様と自分たちの幸せを第一に考えることにより、いままでにない新しい発想が出てきて、そこから生まれるビジネスモデルも基本的に欧米のものとは違う競争力を持つのではないか、という示唆が得られます。

ウェルビーイング経営を進めることによって、この二社やその前に紹介した企業のように、いまは小さくても、結局のところ長期的利益を上げることが可能になるのです。

ですから、本書を手に取られた方は、まず「ウェルビーイング第一」に特化して、本当にお客様や社員が幸せになるにはどうすればよいかを徹底的に考えることから始めていただきたいと思います。そうすれば自ずと答えに行き着くでしょう。

儲かるビジネスモデルを求めて、ウェルビーイングという流行りものを利用しようとしても、本来の長期的利益には結びつかないと思います。いったん利益を忘れてウェルビーイングを中心にすべてを考える。その結果、これまで述べてきた会社は安定的に利益を上げています。これらの例に学べば、真にウェルビーイング第一の会社をつくることができるでしょう。

3　成長する組織──調和と共生の社会モデル

ティール組織とウェルビーイング

これまでとは視点を変えて、組織論について考えましょう。フレデリック・ラルー氏が書いた『ティール組織──マネジメントの常識を覆す次世代型組織の出現』（英治出版）という本が二〇一八年に話題になりました。組織の形態が進化していくという話ですが、もともとは成人発達理論にもとづいています。

成人発達理論とは、大人の心も発達・成長するという理論です。ハーバード大学のロバート・キーガン氏やカート・フィッシャー氏、思想家のケン・ウィルバー氏などの研究者や思想家が、人間の心は成長していくということについての研究を進めています。

そのなかで、成長の段階を色に当てはめているのですが、赤からティールという緑がかっ

図表11　成人発達理論の段階

色	赤	アンバー	オレンジ	グリーン	ティール
型	衝動型	順応型	達成型	多元型	進化型
メタファー	狼の群れ	軍隊	機械	家族	自然林
	自分第一	勝利第一	利益第一	人間第一	自然第一

出所：フレデリック・ラルー『ティール組織』をもとに著者が作成

た青の色まで段階があります（図表11）。段階の分け方は研究者によって異なるのですが、ここでは五段階のモデルを示しましょう。赤から始まり、アンバー、オレンジ、グリーン、ティールという段階を踏みます。

ラルー氏の組織論では、それぞれの成人発達段階を組織の段階に置き換え、それぞれにメタファー（例え）を置きます。

メタファーを見ていきましょう。最初の赤は、組織になる前の段階で、皆が自分勝手に振る舞っている様子を表します。

ラルー氏はこれを例えて「狼の群れ」と呼びますが、「赤ちゃんの群れ」と呼んだほうが適切ではないかと思います。なぜなら、狼の群れはきちんと統率が取られていると思うので、赤にはそぐわないと思うからです。保育園にいる赤ちゃんの集団は組織にはなっていません。みんな勝手なことをしています。この状態が人間でいうと赤の状態、まだ組織になる前です。

次に、人間が少し発達すると軍隊型になります。これがアンバーという褐色です。ここは躾《しつけ》・統率型の組織です。子どもでいうと「親のいうことは聞け」「赤信号を渡るな」「扇風機に指を入れるな」といったルールや規範で縛るような躾の段階です。組織でいうと、完全に統率され上意下達の組織、すなわち軍隊のような組織です。

そして、規範で縛ってばかりいるのではなく、もう少し合理的組織にしようというのが、次のオレンジ組織です。機械のメタファーです。機械は合理的で最適に動いていく。そういう利益第一の組織がオレンジ組織です。

合理性優先よりも人間の心を大切にしようという段階が、次のグリーン組織です。ウェルビーイングの学問から考えると、グリーン組織のほうがオレンジ組織よりも合理的組織というべきだと思います。なぜなら、これまで述べてきたように、人の心を無視したオレンジ型合理組織よりも、人の心のウェルビーイングを考慮して創造性・生産性を高め、欠勤率・離職率を下げたほうがより合理的だからです。

グリーン組織のメタファーは家族で、思いやりや信頼関係を大事にする人間第一の組織です。前に紹介した伊那食品工業や西精工は、自らも家族主義経営と名乗っている通り、人間を第一に考える幸せな組織ですので、概ねグリーン組織の様相を呈していると思います。

オレンジとグリーンの違いは、先ほども述べたように、人間の心を無視した部分最適型の合理組織と、人の心も考慮した総合的な合理的組織という違いだといえるでしょう。黙って命じた通りにしろといわれると誰でもやる気が失せてしまいます。真の合理主義経営は、人間の心も考えた合理性なのです。

従来の経済学・経営学ではカネやモノの流ればかり考えていたのに対し、人間の心も考える行動経済学・経営行動科学という分野ができました。合理性を考えるなら人の幸せも考えるべきで、そうすると家族のような人間重視型組織になるというのがグリーン組織です。

グリーンを超えると自然第一のティール組織に達します。メタファーは自然林です。

最近の家庭では、昔の家父長制時代のような父親の権威はなくなっています。だからといって、父親の役割がなくなったわけではありません。家族には、現在も、父親と母親、そして子どもたちというヒエラルキーは残っているのです。

軍隊型のアンバー組織にはヒエラルキーしかなく、機械型のオレンジ組織にもヒエラルキーはありましたが、ヒエラルキーの特徴をやや弱めて人間味を加えたのがグリーン組織でした。

一方、自然林にはヒエラルキーはありません。自然林のなかでは、多種多様な動植物が一緒に生きています。そこでは木が偉い、花が偉い、クモが偉いといった序列はありません。すべての動植物がそれぞれ自由勝手に生きているのに、全体として調和が取れています。

つまり、親と子という緩やかなヒエラルキーのある家族主義からヒエラルキーを取り除き、父親も母親も子どもたちも、家族のみながそれぞれを尊重し、それぞれの自由を守り、それぞれの役目を果たすことによって調和を取っていくのがティール組織です。

ネッツトヨタ南国の横田さんの、見守り信頼し口出ししない経営は、ティール組織的経営の事例だといえるでしょう。

成人発達理論には、ティールより先の段階もまだまだあります。無為自然的な段階を経て最後は悟りのような段階へと続きますが、組織論としてはティールが最後だといわれています。ここを超えて人々が無為自然になると、組織をつくる必要がなくなるからです。

包含関係にある四つの組織形態

成人発達理論やそれにもとづく組織論とウェルビーイングの関係はどうなっていると考えられるでしょうか。

成人の発達段階とウェルビーイングは比例する、という見方があります。軍隊のように統率されすぎると幸福度は低く、血も涙もなく合理的というのも窮屈です。家族のように自由であり、家族のように頼り頼られる組織は幸福度が高く、さらに自由なティール組織はより幸せなのではないでしょうか。

したがって、幸福度はティール組織に近づくほど高くなる傾向があると思います。つまり、心が成長するほど幸福度は高くなる傾向にあるということです。

ただし注意すべきは、軍隊型組織は常に不幸かといえば、必ずしもそうではないという点です。体育会の競技組織に所属して、とにかく勝つために監督のいう通りにすると合意したうえで頑張り、そして優勝を手にする。これは、最高に幸せです。合意し納得したうえで完全統率組織や合理組織に与することは、幸せにつながります。

一方、成人発達段階がオレンジあたりにある人がティール組織で放任されたならば、苦痛を感じ不幸でしょう。さらに、アンバーからオレンジ、オレンジからグリーンなど、次の段階に移行する際には生みの苦しみによって幸福度が下がることも多々あります。

このように、条件や状態によっては必ずしも成人発達段階と幸福度が比例しないケースもあります。しかし、全体としては、成人発達段階が高まるにつれて幸福度は高まっていく傾向があると考えるべきでしょう。

また、幸せなグリーン・ティール型企業も、納期間近などで何らかの期限を目前に控えたときには、もちろんオレンジやアンバー組織のように働くこともあると思います。関係性は家族的なまま、やるべきときは軍隊や機械にもなる、というのがグリーン組織なのです。ティール組織も同じです。

レッドからティールまでの組織論は、段階論ではなく包含関係だといわれています。軍隊から機械、機械から家族、家族から自然林と、含んで超えるのです。

成人発達理論とは、自分勝手に生きていた段階からルールを学びそれを合理的に考える力を身につけ、合理的に考えたうえで人間味を身にまとう、人間味を身につけたうえで父親的部分を手放してオープンで自由になっていく、というように、前の段階を十分に味わい尽くしてから、次の段階へと進んでいくのです。

「四十而不惑」。人間は四〇歳にして惑わずといいますが、ティール組織に近づくほど老荘思想のように、無為自然の状態に近づいていくのです。

現代社会の会社の多くは、合理主義経営を主とするアンバー、オレンジ組織だといわれています。『ティール組織』の著者ラルー氏は、「社会にようやくグリーン組織、ティール組織という段階が出てきた、ようやくそこまで人類が発展してきた」と述べています。

しかし、近江商人はすでにグリーン・ティールの意識を持っていたと思うのです。かつての日本は、道を究めた達人のような意識で事に当たっていました。諸手を挙げて江戸時代を礼賛する気はありませんが、江戸後期の高度な文化を見ると、武士も町民も、高度に心が発達していたのではないかと思います。

ところが、西洋化を急ぐあまりに合理主義を学びすぎて、グリーン・ティールから逆行してオレンジやアンバーまで戻ってしまったというのが日本の現状なのではないでしょうか。一方の欧米は、東洋思想に学んで、グリーンやティールに踏み込んだ企業が出始めているのだと思います。

ですから、ラルー氏のいうように最近になってグリーン・ティールが出てきたのではなく、古く老荘思想や仏教思想のなかにもそれらの考え方はあり、日本や東洋の一部ではそれが脈々と受け継がれてきたと考えるべきだと思います。

以上、成人発達理論にもとづく組織論とウェルビーイングの関係について述べました。ウェルビーイング経営を考える際には、成人発達理論にもとづくアンバー、オレンジ、グリーン、ティールの組織論を併せて考えることによって、それぞれの組織の状態に合わせたウェルビーイング組織についての考えを深めることができるのです。

全体が調和し共生する社会モデル

私（前野隆司）が『ティール組織』（二〇一八）よりも前に出した本に『幸せの日本論日本人という謎を解く』（角川新書、二〇一五）があります。そのなかで社会論を展開しています。「勝ち残りゲーム式社会モデル（極端な近現代型システム）」と、「全体が調和し共生する社会モデル（理想的な日本型システム）」です。

ここで社会モデルを組織に置き換えてみると、「勝ち残りゲーム式」がアンバー・オレン

図表12　勝ち残りゲーム式社会モデルと全体が調和し共生する社会モデル

地位財型（非定常）社会	非地位財型（定常型）社会
勝ち残りゲーム式社会モデル （極端な近・現代型システム）	全体が調和し共生する社会モデル （理想的な日本型システム）
競争的・個人主義的	協力的・相互依存的
トップダウン・ピラミッド型	フラット・ネットワーク型
牽引型リーダーシップ	調和型リーダーシップ
自己主張（利己的になりがち）	謙虚で優しい（利他的）
統率によるつながり	想いによるつながり
単純・合理的・必要最小限	多様・複雑・冗長・無駄
明確な目的・ミッション	目の前の目的に囚われすぎない
単一の最適解を目指す	多様な満足解があり得る
合理的な分担・計画・管理	仮説を持たず色々とやってみる
論理重視	感性重視
スピードの速い者が勝ち	ゆっくりと自分のペースで
短期的変化への対応が得意	短期的変化には一見対応困難
長期的持続は苦手	サステナブル（持続可能）
想定外の事態にもろい	想定外の事態にもレジリエント
予定通りの成果を目指す	想定外の新展開が生じる
一面的な進歩・成長主義的	循環型社会が前提
弱肉強食	すべてを活かし共存
敗者は退場	すべてが意味を持つ
先の読める閉じた社会で有効	オープンで変化する社会で有効
不幸な格差社会に陥りがち	幸福で平和な社会に向かう

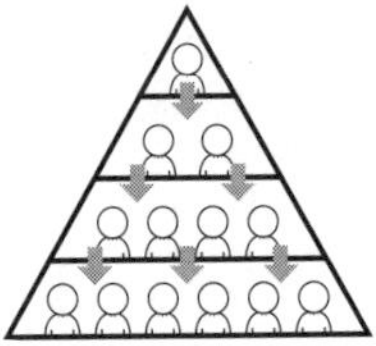

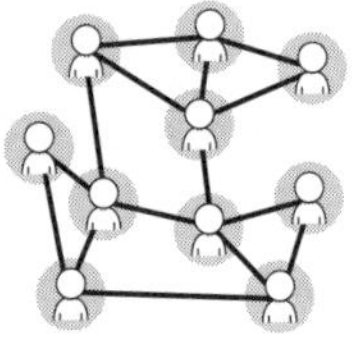

出所：前野隆司『幸せの日本論』（角川新書）

ジ組織。「全体が調和し共生」がグリーン・ティール組織に相当すると考えられます。

前述のように、どちらが幸せでどちらが不幸せだと断定するには例外もありますが、マクロな傾向としては、競争ばかりしているよりは協調・協力を、トップダウンで命令されるよりはみながネットワークになっているほうを、牽引型リーダーよりも調和型のほうを、利己的な自己主張よりも謙虚でやさしい利他性を、統率によるつながりよりも想いによるつながりを、単純で合理的よりも多様で複雑を、選んだほうが幸せだと考えられそうです。

したがって、マクロに見ると、「全体が調和し共生する社会モデル」の側が、ウェルビーイングの向上を目指す、これからの組織や人間のあり方を示しているのではないかと思います。

『幸せの日本論』でも述べたように、日本はもともと共生を是とする和の国でした。みなが調和的に助け合う国でした。ところが、近年は無理に個人主義にシフトしすぎたために、ギスギスした社会になってきたと感じる人が増えているように思います。

人々がティール組織の考え方や調和・共生社会の考え方を思い出すことによって、幸せな組織・幸せな社会をつくれるのではないでしょうか。

第5章

地域・家庭とウェルビーイング

1　自治体の取り組み

生き心地の良い町

自殺率の低い町があります。徳島県の海部町《かいふちょう》（現・海陽町の一部）です。岡檀《まゆみ》氏による『生き心地の良い町』（講談社）に、その理由が書かれています。

一つ目は、「いろいろな人がいてもよい、いろいろな人がいたほうがよい」。多様な人がいると幸せだということと関係しています。

二つ目は「人物本位主義をつらぬく」。個性を大事にして人間らしく生きています。三つ目に「どうせ自分なんて、と考えない」。要するに自己肯定感を高く持って生きています。

四つ目が「『病』は市《いち》に出せ」。おもしろい表現ですが、つまりは具合が悪いと思ったらすぐにでも病院に行こうということです。心の病にかかった人は、病院に行かずに家にこもってしまうと、自殺へとつながってしまうリスクが高まります。うつ病は心の風邪ともいいますから、しっかりと医療を受けるということです。

そして五つ目。「ゆるやかにつながる」。社会関係資本（ソーシャル・キャピタル）の議論にもありますが、「弱い紐帯《ちゅうたい》」と呼ばれる緩やかなつながりです。緩いつながりがある人や地域は、レジリエンス（折れそうになっても立ち直る力）が高いといわれています。「ゆるやかにつながる」ことが自殺率の低さという結果に表れているのです。

いうまでもなく、自殺は不幸の結果です。不幸を減らすためのすばらしいヒントがこの町にあります。

地域活性化に挑む自治体の取り組み

第2章の最後で紹介したように、自治体においても、ウェルビーイングに関する試みが行われています。例えば前出の「幸せリーグ」は、ウェルビーイングを考慮した自治体活動といえるでしょう。

また、埼玉県横瀬町では「すべての人が幸せについて学んだ町」を目指し、小中学校でウェルビーイング教育を実施しており、私（前野隆司）も参加しています。神奈川県鎌倉市は、鎌倉スーパーシティー構想のなかで「世界一 Well-Being が高いまち Kamakura の実現」を目指しており、こちらでも私はウェルビーイングリサーチオフィサーとして活動させていただいています。

埼玉県さいたま市は「幸せを実感できるまちづくり」を掲げており、そのシンカ推進会議に私も参加させていただき、ウェルビーイングを考慮した町づくりを行っています。神奈川県寒川町では、総合計画策定に参画させていただきました。高知県佐川町では、総合計画に関する活動に協力しました。

古くから行われてきたものとして、長野県小布施町の「町並修景事業」があります。「栗と北斎の町」として有名な地域ですが、名物の栗菓子屋や葛飾北斎の美術館などを中心に、住居と商工業を併せて回遊できる町づくりに取り組んでいます。

古い町並みをただ保存するのではなく、古い景観の要素を残しつつ、住民の生活に必要な新しい建築物や道路なども整えているのです。保存を優先させれば生活が窮屈になります。小布施町は、景観とともに人々が楽しく快適に生活できる町づくりに挑んでいる事例です。私も、小布施町・慶応SDMソーシャルデザインセンターの活動を通して関わっています。

また、私も研究に参加した「芝の家」という取り組みがあります。慶應義塾大学と東京都港区が協力して縁側のある小さな家を運営していて、キッチンやリビングも備えています。これは居場所をつくるという試みです。地域に居場所があると、特に目的がなくても人々が気楽に集ってきます。お年寄りから子どもたちまで、いろいろな人が集うことで幸せになるという実験の一つです。第6章（205ページ）で詳述します。

島根県の海士町《あまちょう》、徳島県の神山町、岡山県の西粟倉村《にしあわくらむら》など、地域活性化で有名な町や村があります。

海士町は隠岐島の一つの町ですが、コミュニティデザイナーでstudio-Lを主宰する山崎亮氏らによる「島の幸福論」と名付けられた総合振興計画によって活性化した事例です。現在もさまざまな試みが行われています。

神山町は、サテライトオフィス・コンプレックスの神山バレーで有名です。シリコンバレーのようにIT系の人が集まる町で、「人と事業が互いに出会い成長するオフィス」を標榜し、神山発の新しいサービスやビジネスを生み出すことを目的にしている、とのことです。

西粟倉村は、地場産業の林業をもとに、木材を活用する企業が相次いで設立されるなど、起業家の村として知られています。環境モデル都市やSDGs未来都市に選定されたほか、

「ふるさとづくり大賞」の優秀賞も受賞しています。

宮崎県新富町の「こゆ財団」もおもしろい取り組みです。地域課題をビジネスで解決する団体です。役場は全体の奉仕者なので、特定の産品だけを推奨・応援することは困難です。そこで、ふるさと納税などを財源にして財団をつくり、この財団が協力することによってある農家が「楊貴妃ライチ」というブランドの一粒一〇〇〇円のライチをつくるなど、地域経済を活性化している事例です。

「こゆ財団」のホームページには、地域の特産品で稼いで、地域の教育に再投資する地域商社と謳われています。私たちも起業家育成プログラムでウェルビーイングを教える講師として参加しました。

新富町は、そのほかにも、「ユニリーバスタジアム新富」というサッカー場をつくって球団を誘致するなど、種々の新しい仕掛けにより活性化に挑戦しています。

このように、ウェルビーイングを考慮した地域づくりは、さまざまな自治体で行われています。これからもさらにさまざまな事例が積み重ねられていくことでしょう。いかにウェルビーイングを地域活動に具体的に組み込んでいくかについては、後で述べる「ウェルビーイングを陽に考慮したシステムデザイン方法論」（201ページ）もご参照ください。

2　夫婦の幸福度を上げる方法

結婚と子どもと幸福度

企業や地域のウェルビーイングについて述べてきましたが、それらと並んで重要なのは、家庭のウェルビーイングです。

ウェルビーイング研究によると、未婚よりも配偶者のいるほうが幸せな傾向があることが明らかにされています。もちろん、この結果は統計結果ですので、未婚の方はすべて不幸というわけではありません。パートナーや友人、家族といった人とのつながりを豊かにすることが、ウェルビーイングのために大切だということを示唆しているものといえるでしょう。

また、結婚後三年ほど経つと、「好きだ」という感情をもたらす脳内物質のエンドルフィンの分泌が低下する結果、幸福度は結婚前の水準に戻るという研究結果もあります。

さらには、子どもができて巣立つまでは幸福度が低いという研究結果もあります。意外なことに、子どもができる前と子どもが巣立ったあとに比べて、子育て期間は幸福度が低いのです。

小さくてかわいい子どものいる家族は傍から見ると幸せの象徴のように見えますが、統計的な平均値で見ると実は幸福度が低いのです。

この結果からの教訓は、子育て中には幸福度を高めることに気を配った生活をするよう心がけるべきだということです。

さらに注意すべきことに、零歳児のいる夫婦の離婚が一番多いという統計データがあります。零歳児がいる夫婦は、周りの人たちとも力を合わせて子育てすべき時期なのに、幸福度が低く離婚が多いというのは深刻な社会課題だというべきでしょう。

また、子どもの数と幸せの関係についても種々の研究がありますが、子どもがいない人よりもいる人のほうが幸福度は高いというデータをよく見ます。もっとも、子どものいない人のほうが幸せという統計データもあるので、一概にはどちらが幸せとはいえません。文化や地勢的なもの、政情などによって、データも変わります。

私たちが参加したある研究では、子どもが二、三人いる家庭が一番幸せという結果が出ました。四人以上になると世話に労力がかかるからかもしれません、もちろんこの結果は単なる統計データであり、人によって状況は違いますので、統計データは参考にしつつも、各人が状況に応じて対応することが大切です。

幸せを維持する夫婦円満の秘訣

夫婦円満の秘訣についての研究も行われています。もちろん夫婦以外のパートナーにも適用できると思います。ワシントン大学の名誉教授ジョン・ゴットマン氏と作家のゲーリー・チャップマン氏の研究を紹介しましょう。

ジョン・ゴットマン氏は、夫婦が離婚に向かう危険性のある、最もしてはいけない行動を四つ挙げています。一つ目は、相手の人格に対する攻撃。二つ目が、優位な立場から相手を見下すこと。三つ目に、自己防衛的な態度。そして四つ目が、感情的になって相手を拒否する、あるいは対話を拒絶すること、です。いずれも、夫婦以外のあらゆる対人関係にも当てはまることですね。

ほかにも、「結婚生活のなかでは、喧嘩や言い争いが起きて、互いに感情が昂《たか》ぶってきたら二十分の冷却時間を置くべき」や「互いの気持ちが離れないよう、関係を維持させるための努力を惜しんではならない」「互いにウィンウィンの関係をつくり上げることこそ、信頼という言葉の意味」など、米国人らしい提言を行っています。ドラマなどでよく見るように、家事でも何でも、相手にすべてを押しつけて知らん顔、という態度が最も離婚の危機を誘発させるということです。

また、「結婚後早期に離婚に至るカップルは、何年、何十年も経って離婚する夫婦とは要因に相違がある」とし、早期に離婚するカップルは、相互に自己主張を抑えられず人格否定につながる対立が起きやすいことが特徴であるとしています。

それに対して年を経て離婚する夫婦は、初期には結婚生活の維持に前向きに取り組み、夫婦関係の決定的な齟齬《そご》を回避してきているといえます。

さらには、「怒りは結婚生活における正常な機能の一部」と述べ、怒りは夫婦関係において必ずしも悪いものではないという視点を提示します。

要は、怒りに対してどう反応するかが大事で、怒りが破壊的にならないようにすべきだというのです。つまり、怒って喧嘩してもそれを修復する努力が必要ということです。怒るほうも怒られるほうも何か原因があるわけですから、最後は和解し、対応を改善することが重要です。

長年の生活のなかで、少しずつ行き違いが溜まっていく夫婦は多いと思いますが、怒りを正常な機能と捉え、過度に反応することなく、相手のことも考えて上手に危機を回避する対応が必要だといえるでしょう。

違和感を溜め込みすぎると爆発したときの破壊力も大きくなるので、未解決な問題があるときには、遠回しに迂回するばかりではなく、その都度きちんと解決することが一番の方法だといえるでしょう。

結婚生活を幸せにする七つの原則

ゴットマン氏はまた、結婚をうまくいかせるためには七つの原則がある、と述べています。

一つ目は「愛の地図を強化する」ことです。愛の地図とは、パートナーの情報について記憶する脳の場所であるとし、相手の夢や希望や興味などを深く知ることが重要だといいます。ある私たちのワークショップ会場で、結婚して三〇年のご夫婦が、「二人の夢が一緒だった」と喜ばれていたことがありました。語り合うことで夢が一緒だったことに気づけたのです。

いつも一緒にいるのだからもっと早くから語り合っておけばよかったのに、と言いたい気もしますが、考えてみると、日々の生活に追われて、二人の夢や希望や興味について語り合ったこともないという夫婦も少なくないのではないでしょうか。コミュニケーションは幸せの基本なのです。

二つ目が、「愛情を育み、たくさん褒める」。相手の個性を認め、言葉にして褒めたり勇気づけたり、相手のよいところやよい言動を尊重する努力が必要ということです。

三つ目に「離れるのではなく、寄り添う」こと。「亭主元気で留守がいい」という言葉がありますが、相手は相手、自分は自分と突き放した見方をしていると、相手のよさに気づきにくくなり、悪いところばかりが目についてしまいます。相手を大事に思えば、相手も自分を大切にしてくれます。これは人間関係の基本です。二つ目とも関連しますが、やはり互いにそれぞれを思いやり、ねぎらい合う気持ちが大切です。

四つ目は「相手からの影響を受け入れる」です。自律や自己の主張は悪いことではありません。しかし、それも過度になると人間関係を壊してしまうもとになります。時には相手に譲歩することも必要です。互いが相手を受け入れるようになれば、より深い理解が得られ、相互に尊重することができるでしょう。

五つ目が「解決可能な問題は、放置せずに解決する」ことです。夫婦間で解決することが可能な問題は、放っておかずにできるだけ早く解決してしまうことが肝要です。互いに気にしながらも、腹に溜め込んでしまっていると、いつか爆発することになるでしょう。解決には、やはり双方の歩み寄りが必要になります。

ゴッドマン氏は、解決に必要な五つのステップを提示しています。①まず、穏やかに始めること、②修復しようと試み、相手のいい分を受け入れること、③時には自分自身をなだめ、時には相手をなだめること、④歩み寄ること、⑤互いの過ちを許すこと、です。要するに、相手を尊重し、過度に攻撃的にならずに、時には譲歩が必要ということです。

六つ目は、「どちらも譲れない状態を打破する」こと。これも、コミュニケーションの問題です。

場合によっては、両者の考えに根本的な違いがあって、譲歩も歩み寄りも難しいと思えるときがあるかもしれません。そうしたときでも、最低限、相手が何にこだわっているかを理解するよう努力することが大事だということです。「考えを一致させる」のではなく「考えが違うということを理解する」ということです。

最もしてはいけないことは「勝手にしろ」と対話を閉ざすことです。たとえ歩み寄れないと思っても、相手の話をしっかり聞く態度は忘れないことが大切です。

アコモデーションという考え方があります。折り合い、便宜、和解などの意味もありますが、他人と自分は意見が違うのだということをしっかりと把握したうえで合意することです。

例えば、子育てはしかる派とほめる派の人がいます。互いの主張は違いますが、少し大きな視点で考えると、しかる派の人はルールを守れない人に育つことを心配しているのであり、ほめる派の人はしかられないと判断できない人に育つことを心配しての主張と、どちらも「よりよい人に育ってほしい」と考えての意見であることがわかります。

そうであれば、どちらを重視するかという違いであって、相手の理由を理解できないわけではないはずです。そこで、「一理あることは認めるが、自分はやはり賛成だ、反対だ」と話すのがアコモデーションにもとづく対話です。歩み寄れないとしても、最低限何を主張しているかを理解し合うことが重要です。

最後が、「人生の意味を共有する」ことです。「亭主の好きな赤烏帽子《あかえぼし》」という言葉があります。普通、烏帽子は黒ですが、亭主が「赤が好き」というなら妻や家族はそれに従うといいという意味です。

嫌々ながらも亭主に従うのは幸せではないでしょうが、相互理解したうえで夫に合わせるのは悪くないことだと思います。もちろん、「妻の好きな○○」でもかまいません。

要するに、価値観を共有することが大事ということです。互いの役割を理解し、相手が望むのなら誕生日や結婚記念日、墓参などの行事を大事にするなど、相手が大切にしているものや考えを尊重すると夫婦はうまくいくということです。

表現が違うと通じ合えない

次に、ゲーリー・チャップマン氏について述べましょう。

氏はパートナーシップについて詳しく、その著書『愛を伝える5つの方法』（いのちのことば社）のなかで「愛情の五つの言語」のワークを紹介しています。

それは、個人の愛情表現のタイプを、①肯定的な言葉で愛を伝えること、②身体や手を触れ合うスキンシップ、③プレゼントをすること（モノではなく無形のものでもかまいません。手紙なども入ります）、そして、④奉仕する行為（相手のために、見返りを求めず何かをしてあげること）、最後に⑤クオリティタイム（クオリティの高い時間を相手と共に過ごすこと）、の五つに分類し、夫婦それぞれに自分はどの愛情表現を重視するかを順序づけさせるというワークです。

セミナーなどに参加されたご夫婦にこれをやってもらうと、自分はクオリティタイムが一番で、妻の一番は肯定的な言葉など、それぞれ個人ごとに好む愛情表現の方法が違うこと、そして求めている愛情表現のかたちが違うことがわかります。ぜひ、みなさんも、夫婦で五つの順序をつけて比較してみてください。

夫と妻の順位が違う場合、誤解が生じがちです。妻はプレゼントがうれしいと思うのに、夫のほうはスキンシップが大切だとしている。あるいは、夫はクオリティタイムが大事と考えているが、妻は愛しているといってほしい。このように夫婦間ですれ違いが生じます。

このワークを行えば、いくら強い愛情を持ち合う夫婦でも、求める言語が違う場合にはうまく通じ合えないこともあると気づくことができます。

あるとき、私たち夫婦が多くの方と共に参加したワークショップがあって、そこでこの「愛情の五つの言語」のワークが行われました。

結果として、多くのご夫婦が互いの求める愛情表現の違いに気づかれていました。そして同時に、日常的にもっと相手の特徴を理解し、言葉で伝え合っていれば、相手のしてほしいことがわかるのだと気づかれていました。したがって、やはり日頃のコミュニケーションが重要なのです。

ちなみに私たち夫妻は、①から⑤までの順番が完全に一致していました。一致しているということは、愛情を伝えやすいということですから、危機を回避しやすくなります。私たちの場合、もしかしたら出会った頃は順番が違っていたのかもしれません。三〇年近くお互いを理解しながら過ごしてくるうちに、優先順位が同じになったのではないかと思います。

皆さんも、人によって求めている形が違うことをぜひ確認し合い、あるときは理解し合い、あるときは歩み寄って、仲よく暮らしていただければと思います。

これは夫婦の話ですが、この言語ワークを応用・アレンジして、職場などでの指示や命令、報連相などの伝達方法、信頼関係の表現をタイプ分けして順番をつける職場版といったものをつくるのもよいかもしれません。

上司と部下の間で、どう伝えているか、どう伝えられるとわかりやすいか、などと伝え方を考える際のヒントになるのではないでしょうか。

第6章

幸福度の計測・向上事例

1　ウェルビーイングの測定

ウェルビーイングを測る

第3章で人生満足度尺度について触れましたが、主観的ウェルビーイングの研究のなかには尺度開発研究があります。つまり、アンケートによるウェルビーイング計測手法の研究です。

多くの人に対してアンケート調査を実施することによって、第3章で述べたようなさまざまな研究を行うことができますし、国別、都道府県別、職場別などの幸福度比較をすることもできます。

ウェルビーイングの計測で気になるのは、毎年三月二〇日、国際幸福デー（International Day of Happiness）前後に発表される「世界幸福度調査（World Happiness Report）」です。この調査は、最悪の人生を0点、最高の人生を10点としたとき、あなたの人生は何点ですかという質問に対する回答結果を各国ごとに平均したものです。

二〇二一年の結果を見ると、トップはフィンランド、二位がデンマーク、三位スイスと続いて、日本は先進国中最下位の五六位でした。近年はいつも先進国中最下位ですので、日本人の幸福度は低いという面もたしかにあるというべきでしょう。

気になるのは、このアンケートの取り方は適切なのか、という点です。具体的にいうと、この結果は個人主義的な傾向のある国では高めに、集団主義的な傾向のある国では低めに出ているのではないかと考えられます。

図表13を見てください。東アジア、南東アジア、北米、西ヨーロッパでの分布を示すグラフです。アジアでは最頻値が5点、欧米では最頻値が7〜8点となっています。この結果をそのまま受け取って、アジアよりも欧米のほうが幸せと結論づけてもいいのでしょうか。

東アジアや南東アジアのような集団主義的な傾向の強い文化圏では、最悪が0で最高が10だといわれると、自分の人生は普通だから5と答える国民が多いと考えられます。周りとの調和を重視しますから、自分だけ高い点をつけることは憚《はばか》られます。また、中庸や平穏無事な幸福感を重視する傾向も、5を中心とする分布になる理由であると考えられます。

それに対し、個人主義的な文化圏では自分に自信を持ち自立することが優れていると考え

図表 13　世界幸福度調査結果

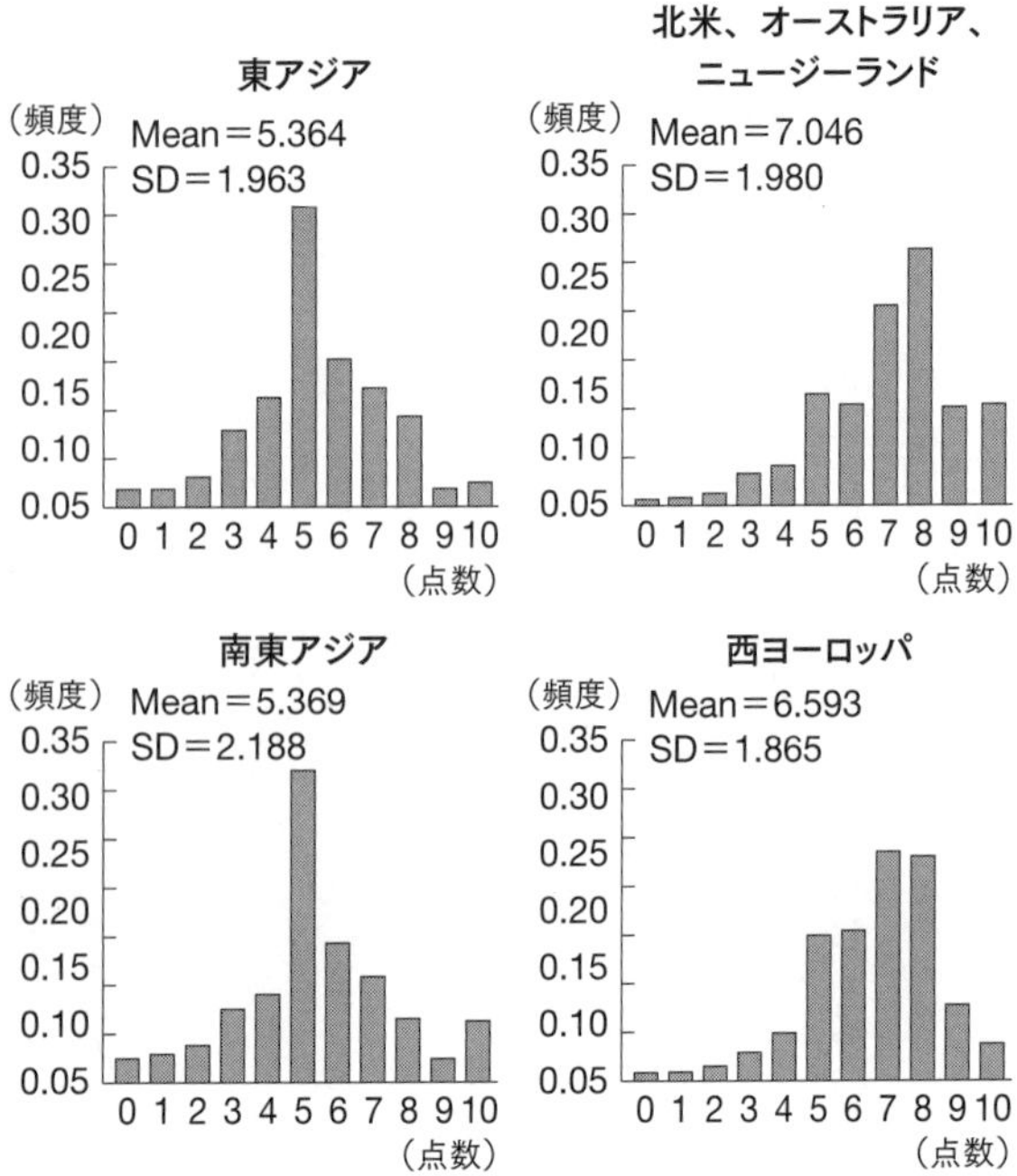

出所：World Happiness Report 2021

図表 14　世界幸福度調査結果（日本）

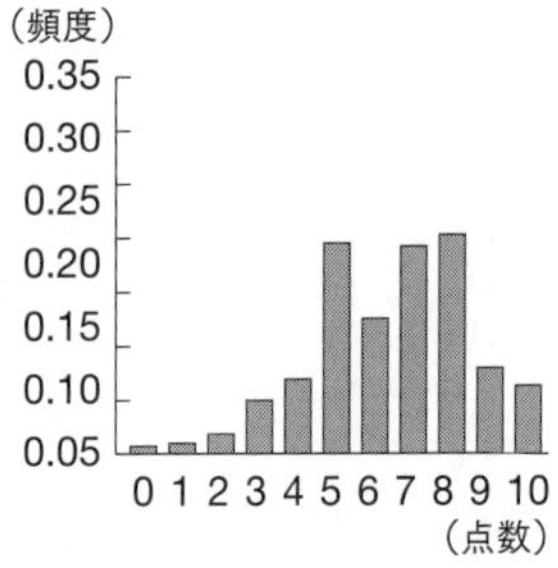

出所：2010年総務省内閣府から「国民生活選好度調査」の結果をもとに著者が作成。

る傾向が強いので、北米や西ヨーロッパなどの個人主義的な国家では「自分はもちろん幸せ」と自信を持って8や7と答える人が多いのではないでしょうか。

興味深いことに、図表14で示すように、日本はピークが二つある分布を呈します。日本以外のアジアでも欧米でも、ピークは一つです。

どうして日本だけ二つの山ができるかというと、集団主義的な考え方と個人主義的な考え方が混在している、つまりアジア的思考の国民と欧米的思考の国民の、二つの思考が拮抗する国と考えることができそうです。統計的に見て、日本人は一つの集団というよりも二つの正規分布の重ね合わせであると考えるほうが妥当なのです。

以上より、図表13を一見すると、アジアは幸福度が低く欧米は高いように見えますが、このアンケートの方法だとアジアが低めに見積もられてしまうという可能性を考慮すべきだと思います。

どうすればいいかというと、ふた山にならないようなアンケートを用いる方が適切だと考えられます。例えば、前出の人生満足度尺度の分布は日本人もふた山にはなりません（63ページ図表4）。

2013年に出版した『幸せのメカニズム』(前野隆司)に引用した図(図表15)では縦軸にオランダのエラスムス大学の Word Database of Happiness による幸福度を、横軸にGDPを取っていますが、日本の幸福度は先進国のなかで中程度でした。こちらのほうが日本の順位を適切に表しているのではないかと思います。

以上よりわかる通り、統計の取り方が少し変わるだけで日本の順位は先進国中最下位にも中程度にもなるというわけですから、統計データを比較するときには注意が必要です。研究者ではない一般市民のみなさんは、あまり順位に一喜一憂しないことをお勧めします(研究者のみなさんは、よりよい尺度を開発したり、それぞれの結果を適切に読み取ったりすることをお勧めします)。

図表15からわかるように、図の右下には空白があります。つまり一人当たりGDPが高くなるほど幸福度は上がる傾向にあることはわかります。

しかし、一人当たりGDPが低い国は左下に集まるかというと、そうはなっていません。つまり、不幸な人を減らすためには一人当たりGDPを増やすことが一つの方法とはいえますが、一人当たりGDPが少なくても幸せだと答える国はたくさんある、ということです。

図表 15　一人当たり GDP と主観的幸福の国際比較（○のサイズは GDP を表す）

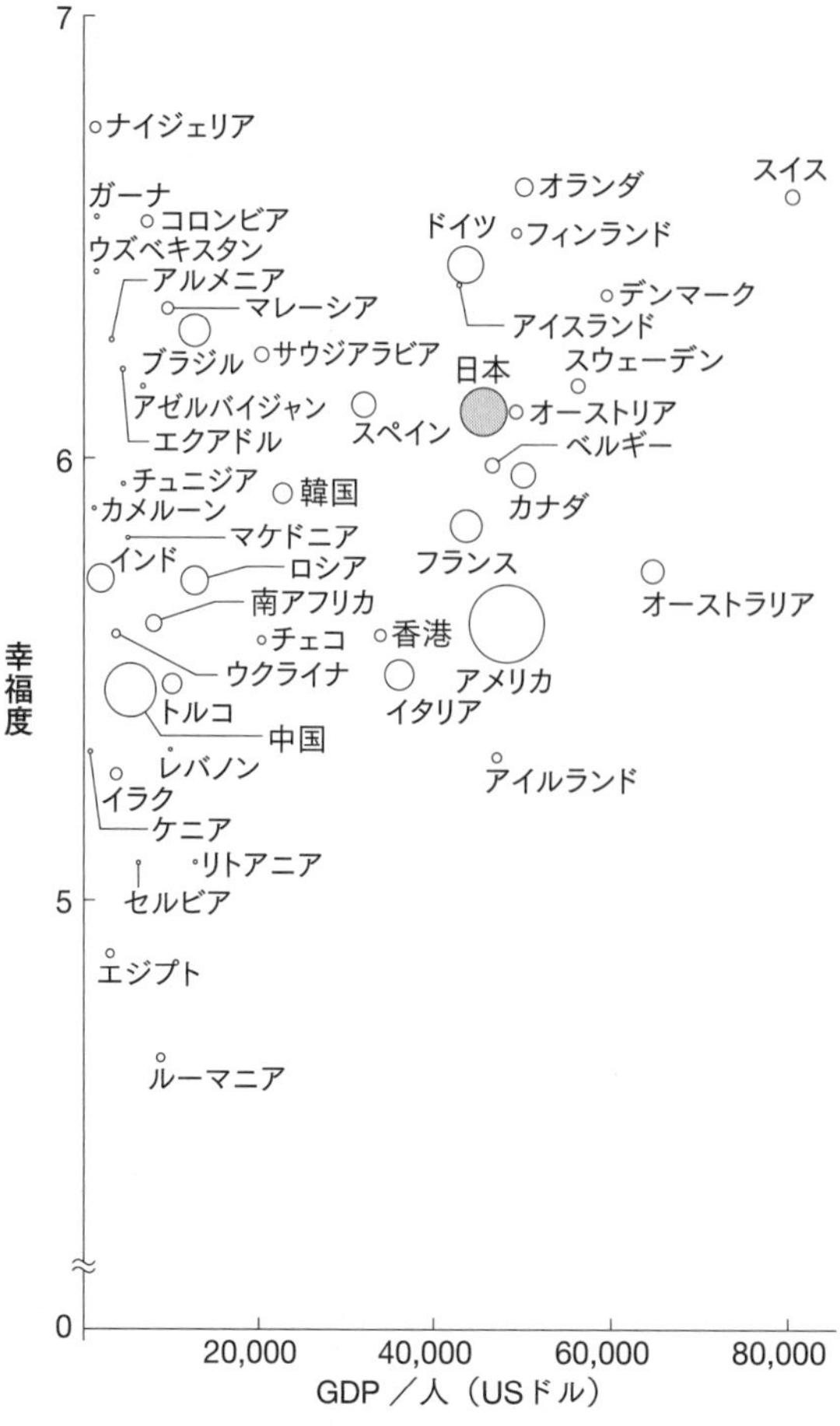

出所：『幸せのメカニズム』（前野隆司 2013）より
世界幸福データベース（World Database of Happiness）、
IMF 資料により作成

ナイジェリア、ガーナ、コロンビアなどは、GDPは低いのに逆に幸福度は非常に高い傾向があり、「世界幸福度調査」では一位になったフィンランドよりも高い位置にいます。

以上より、繰り返しますが、幸福度計測結果を他国と比較するよりも、例えば日本の点数の経年変化はどう推移しているかなど、自国での比較を行うことのほうが重要だといえるでしょう。

そして、健康診断のように、項目ごとに比較することが重要だと思います。健康診断では、「総合得点85点」のように総合点を出して他人と比較するようなことはしません。総合得点よりも個々のデータのほうが重要だからです。

同様に、前に述べた幸せの四つの因子やPERMAのように幸せを要因に分解し、それぞれの要因が高いか低いか、つまり、個人の幸福度診断結果をレーダーチャートにして、自分のなかではどこが幸せな部分で、どこはやや苦手な部分か、というような幸福度診断を行う計測のほうが有効と考えます。

そのような意図で私たちが開発した「幸福度診断ウェルビーイング・サークル」と「はたらく人の幸せ／不幸せ診断」を以下に紹介しましょう。

幸福度診断――ウェルビーイング・サークル

これまで述べてきたように、アンケートは少し質問の仕方を変えるだけで、違った結果が出てきます。そもそもアンケート調査は、文化や言語、個人特性の影響を受けます。

それにもかかわらず、アンケート調査が心理学の主要な手法として用いられてきた理由は、統計的に大量のデータを分析すれば、さまざまなことを明らかにできるからです。また、脳計測やバイタルデータ計測、ＡＩの活用など、さまざまな方法が研究されていますが、脳を測って得られたデータもバイタル計測の結果も、結局アンケート結果と比べないと何を意味するかが明らかにできないからです。これらの理由により、現時点ではアンケートが最も正確な値を計測できる手法です。

そこで、健康診断のように個人の幸福度を計測するために「はぴテック」というベンチャー企業の太田雄介氏と共同開発したのが、「幸福度診断 Well-Being Circle」という幸福度計測です（図表16）。すでに12万人以上の方に体験いただいています。

これは、「やってみよう」「ありがとう」「なんとかなる」「ありのままに」という幸せの四つの因子に加えて、「幸福度」の基本、ビッグファイブ（前出）という「性格特性」、そして

図表16　幸福度診断 Well-Being Circle

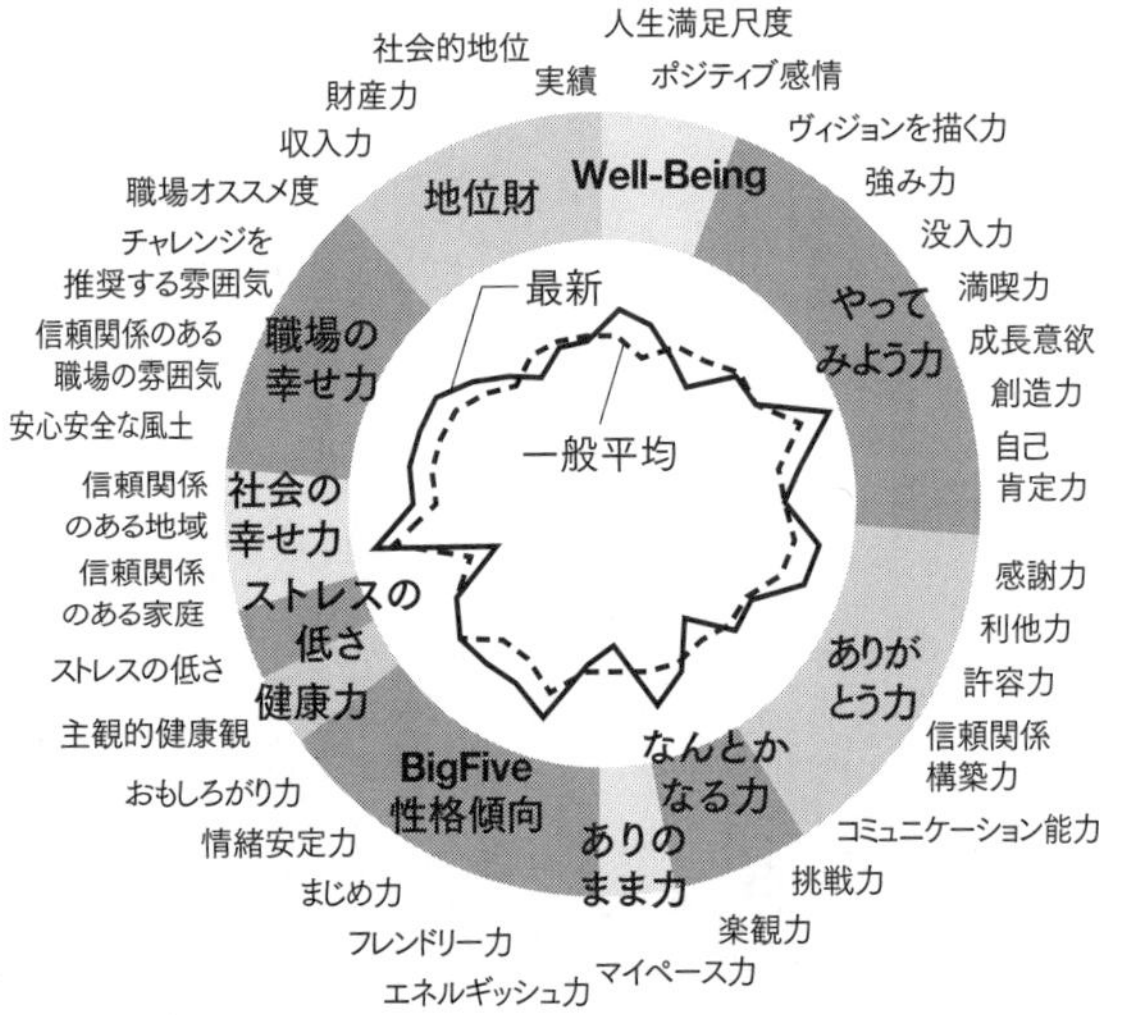

出所：https://well-being-circle.com/

「健康力」「社会の幸せ」「職場の幸せ」「地位財」など、どれも幸福度に相関することがわかっているものをアンケートによって計測するものです。

円グラフにすることによって、全国平均に比べて成長意欲が高い、コミュニケーション力が低い、ストレスが高い、のように各人の幸せの状態を診断できます。また、診断結果として表示される「幸せのかたち」は、「私には夢がある」「やりぬく力が半端じゃない」「人生を味わい尽くしている」などの面白い結果表示となっています。無料で診断できますので、読者の方々もぜひ試してみてください（https://well-being-circle.com/）。

ただ、先の「世界幸福度調査」同様、全体として高いか低いかは個人によって違います。先ほども述べたように、楽観的な人や個人主義的な傾向のある人は高めに出るでしょうし、心配性で慎重な人は全体として低めになるでしょうから、サークルの大きさについては半分差し引いて考えたほうがよいと思います。

それよりも、サークルの刻む凹凸を見てください。個人の特性として、自分のなかではどの要素が突き出ていてどの要素が引っ込んでいるかを見ることによって、ご自分の幸福度の特徴を把握することができるでしょう。

はたらく人の幸せ／不幸せ診断

もう一つ紹介したいのは、慶應義塾大学前野隆司研究室とパーソル総合研究所との共同開発による「はたらく人の幸せ／不幸せ診断」です。職場の幸福度を測るためのアンケートです。

一般に、幸せの反意語は不幸せですが、実際の働く現場では幸せと不幸せは完全な二律背反ではないのではないか、という仮定にもとづいて調査したものです。

つまり、チームワークがよく新たな学びにもつながるといった幸せの条件を満たしている職場でも、不快な空間でオーバーワークが多すぎるといったように、基本的には幸せだがどこか不幸せを感じている職場もあるのではないか。また逆にチームワークも悪く自己成長もできないが、オーバーワークもハラスメントもないというメリハリのない職場、幸せでもないが不幸せでもないという職場もあるのではないか。そんな考えのもとに分析した結果、まとまったのが、はたらく人の幸せの7因子と不幸せの7因子です（図表17、197ページ）。

図表18（198ページ）に、幸せの偏差値、不幸せの偏差値を折れ線のレーダーチャートにしたものの一例を示します。

上段は幸せ因子の偏差値で、数字が大きいほど幸せです。一方、下段は不幸せ因子の偏差値で、数字が低いほど不幸ではないということになります。この自己診断サイトを利用すると、全体として自分の職場の課題は何か、どこがよくて何が悪いのかを把握することができます。

パーソル総研のホームページで診断ができます（https://rc.persol-group.co.jp/thinktank/

spe/well-being-survey/)。無料ですので、興味のある方はやってみてください。

結果を見る際の注意点は、前項のウェルビーイング・サークル同様、楽観的な人は幸せ度が高めに出て、慎重な人は低くなるという点です。すでに述べたように、全体の数字の高低よりも、どこが高くどこが低いかに注目すべきなのです。

自分はどこが高くどこが低いかを把握し、日々幸福になるよう気をつけてみてください。健康診断と同様です。日頃から幸福度診断結果に気をつけて生活すると、必ず幸福度は向上します。

私のこれまでの経験では、全体的には幸せなのだが働きすぎという会社は、日本の大企業に多く、業界トップクラスの会社にもよく見られます。図表18は、そのような会社の例です。

誇りのある会社ではあるものの、社員はその地位を維持するために働きすぎてはいないでしょうか。せっかく幸せを感じられる職場なのですから、オーバーワークにならないためにはどうすればよいか、もっと考えるべきでしょう。

もちろん、これは一例にすぎません。会社によって傾向は違いますので、皆でよく話し合って、それぞれのよさを伸ばし、それぞれの会社の課題を解決していくべきでしょう。

はたらく人の不幸せ尺度（21項目）		
因子名称(通称)	概念定義	下位尺度項目
自己抑圧因子（自分なんて因子）	仕事での能力不足を感じ、自信がなく停滞している。また、自分の強みを活かすことを抑制されていると感じている状態	私は、仕事で成果を出す自信がない
		私は、仕事をどのように習熟していいのかわからない
		私は、自分の強みを仕事に活かせていない
理不尽因子（ハラスメント因子）	仕事で他者から理不尽な要求をされたり、一方的に仕事を押し付けられたりする。また、そのような仲間の姿をよく見聞きする状態	私は上位者から理不尽な要求をされることがある
		私は、職場で他者への暴言や叱責をよく耳にする
		私は、上司や同僚から一方的に仕事を押しつけられる
不快空間因子（環境イヤイヤ因子）	職場環境において、視覚や嗅覚など体感的に不快を感じている状態	私の職場は、汚れていて不衛生だと感じる
		私の職場は、嫌なにおいがする
		私の職場は、無機質で冷たい感じがする
オーバーワーク因子（ヘトヘト因子）	私的な時間を断念せざる得ないほどに仕事に追われ、精神的・身体的に過度なストレスを受けている状態	私は、仕事で時間に追い立てられていると感じる
		私は、仕事のために私的な時間を断念することが多い
		私は、仕事で他者から追い立てられていると感じる
協働不全因子（職場バラバラ因子）	職場内でメンバー同士が非協力的であったり、自分の足を引っ張られていると感じている状態	私の職場のメンバーは、協力し合って仕事を進めようとしない
		私の職場では、特定の人の意見が押し通される
		私は、職場のメンバーに足を引っ張られているように感じる
疎外感因子（ひとりぼっち因子）	同僚や上司とのコミュニケーションにおいてすれ違いを感じ、職場での孤立を感じている状態	私は、職場に気の合う仲間がいない
		私は、同僚と意思疎通できていないと感じる
		私は、上司と意思疎通できていないと感じる
評価不満因子（報われない因子）	自分の努力は正当に評価されない、努力に見合わないと感じている状態	現在の収入は、私の努力に見合っていないと思う
		私は、自分の努力が正当に評価されていないと感じる
		私の仕事での努力は、報われないと思う

図表17　はたらく人の幸せの7因子・不幸せの7因子（慶應前野研究室×パーソル総研）

はたらく人の幸せ尺度（21項目）		
因子名称(通称)	概念定義	下位尺度項目
自己成長因子（新たな学び因子）	仕事を通じて、未知な事象に対峙して新たな学びを得たり能力の高まりを期待することができている状態	私は、仕事を通じてやりたかったことを実現できそうだと思う
		私は、仕事で好奇心がくすぐられることがある
		私は、仕事を通じて知識・スキル面での成長を感じる
リフレッシュ因子（ほっとひと息因子）	仕事を一時的に離れて精神的・身体的にも英気を養うことができていたり、私生活が安定している状態	私は、仕事の身体的な消耗から回復することができている
		私は、仕事の精神的な消耗から回復することができている
		私は、プライベートなことに気を揉むことなく仕事ができている
チームワーク因子（ともに歩む因子）	仕事の目的を共有し、相互に励まし・助け合える仲間とのつながりを感じることができている状態	私には、相互に励まし、助け合える仕事仲間がいる
		私は、仕事仲間との一体感を感じている
		私は、仕事仲間と目的を共有している
役割認識因子（自分ゴト因子）	自分の仕事にポジティブな意味を見いだしており、自分なりの役割を能動的に担えている実感が得られている状態	私は、責任感を持って仕事をしている
		私は、職場で自分なりの役割を担っている
		私は、主体的に仕事に取り組めている
他者承認因子（見てもらえてる因子）	自分や自分の仕事は周りから関心持たれ、好ましい評価を受けていると思えている状態	私は、仕事で同僚から高い評価やよい評判を得ている
		私は、仕事で上司から高い評価やよい評判を得ている
		私の仕事は、周囲から関心を持たれている
他者貢献因子（誰かのため因子）	仕事を通じて関わる他者や社会にとって、良い影響を与え、役に立てていると思えている状態	私は仕事で関わる他者の成長を感じることができる
		私は、仕事を通じて、他者を喜ばせている
		私は、仕事を通じて、社会へ貢献している実感がある
自己裁量因子（マイペース因子）	仕事で自分の考えや意見を述べることができ、自分の意志やペースで計画・遂行する事ができている状態	私は、仕事を自分の裁量で進められている
		私は、仕事の計画を自分で立てて進めることができる
		私は、仕事で自分自身の考えや意見を表現できている

図表 18　ある組織でのはたらく幸せ／不幸せの計測結果

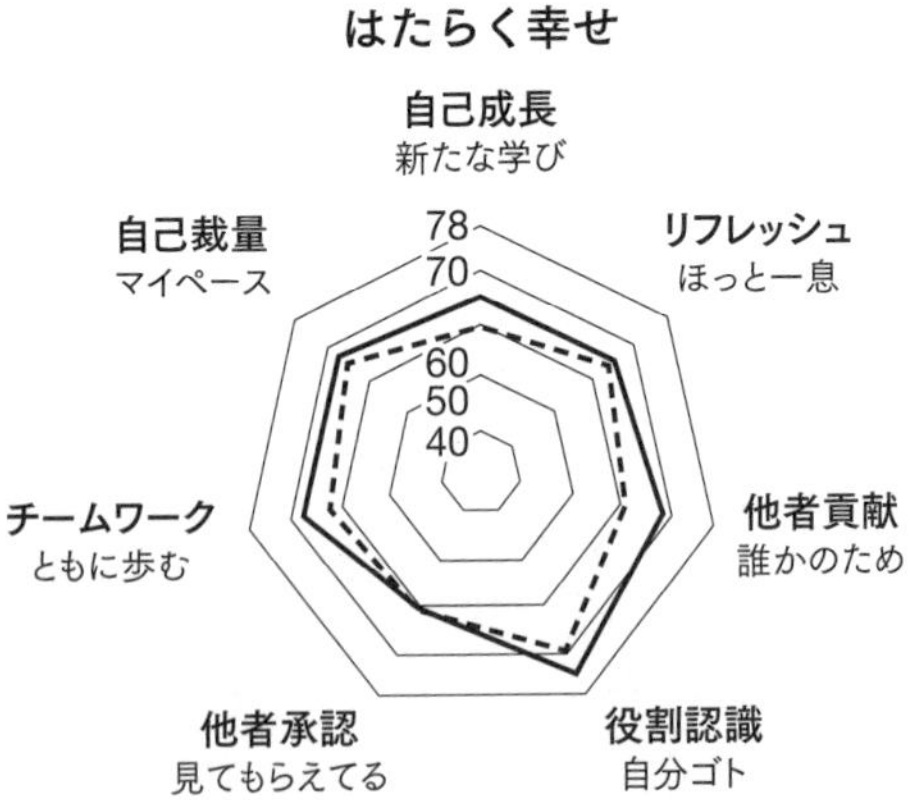

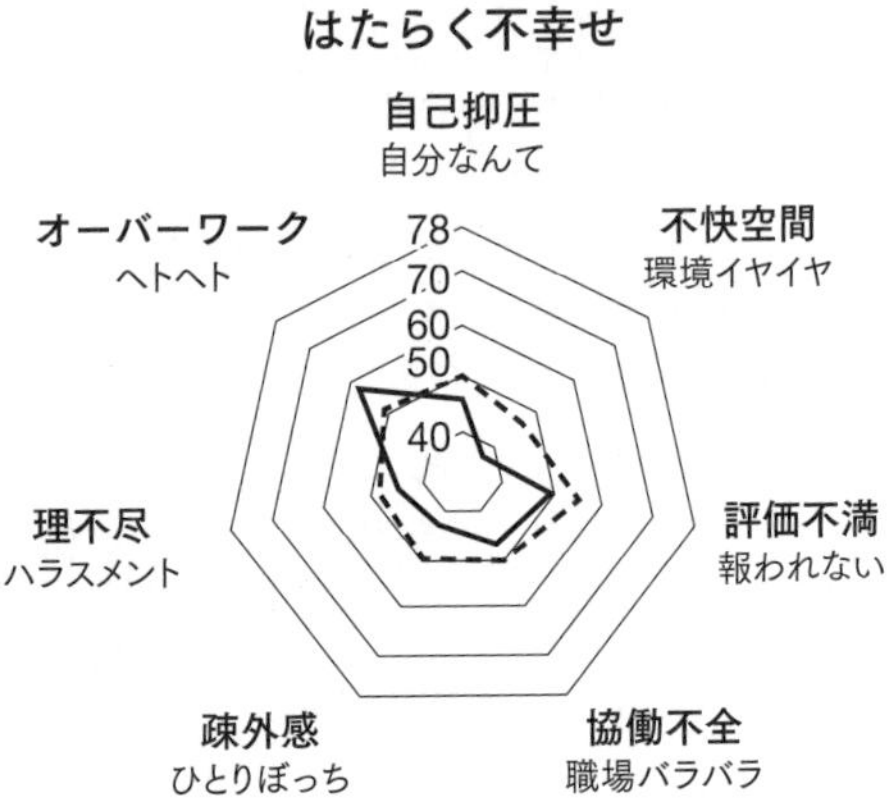

従来調査とウェルビーイング調査の関係

企業では、従業員満足度や従業員エンゲージメント、さらにはモチベーションやリーダーシップなど、さまざまな指標を測定しています。私の調査の結果、それらの各種調査結果とウェルビーイングの結果には高い相関が認められます。特に従業員満足度とウェルビーイングの相関は、非常に高い傾向があります。

したがって、すでに何らかの調査をしているうえに新たにウェルビーイングも測るのは負担が大きいという場合には、従来の調査結果が高ければウェルビーイングも高いと見なしてよいと思います。

しかし、従業員満足度、エンゲージメント、モチベーション調査は、ウェルビーイングという幅広く総合的な概念について調査する尺度に比べると、部分的な項目を測るものなので、測定から漏れる要素があります。

また、これまでの調査は「会社でよりよく働いてもらうために、従業員満足度やエンゲージメントを高める」といったような会社側からの視点でつくられていたものが大半でしたが、ウェルビーイング調査は「従業員自身のウェルビーイングを高める」ことを目指すものであり、基本的な目線が人間中心になっている点が異なります。

可能であれば一度従来の指標とウェルビーイング（例えばパーソル総研の幸せ／不幸せの一四の因子）の両方を測り、何が相関し何がしないのかを把握したうえで、その後どちらを使うのかを決めていけばよいのではないかと思います。

各企業や自治体では、これまでのアンケート結果も活かしつつ、人間の本質を捉えたウェルビーイングという全体的指標も計測していくべきだと思います。

また、先にも触れたように、現時点ではウェルビーイングを定量化するためにはアンケートが最も精度のよい方法であると考えられるものの、今後は従来以上にテクノロジーを活用する方向にシフトしていくものと考えられます。

例えば第1章で紹介した日立製作所の矢野和男氏が開発した加速度計測×ＡＩで幸せを測ることや、バイタルデータあるいはパソコンやスマホのデータの活用も考えられます。

パソコンやスマホの使用時間、それらに打ち込んでいる言葉がポジティブかネガティブか、ＡＩを用いて笑顔を計測するといった手法など、さまざまな分析が可能です。今後はこのような分野が進展していくことでしょう。

その理由の一つは、アンケートは前述のように国民性の特徴により差が出てしまうという特徴があるうえに、例えば会社の幸福度を測る場合、回答する際に会社の意向に従って高めにつけておくというような捏造が可能だからです。しかし、バイタルデータやAIでの計測の場合には恣意的な回答ができませんので、将来的にはテクノロジー活用が進んでいくことでしょう。

2　ウェルビーイングを向上させる活動の事例

ウェルビーイングを陽に考慮した設計論

今後、健康産業のようにウェルビーイング産業（幸せ産業）が大きく発展していくでしょう。その鍵を握る考え方の一つが、第1章でも少し触れた、ポジティブ・コンピューティングです。

「ポジティブ」とは、ペンシルベニア大学のマーティン・セリグマン氏が始めたポジティブ心理学と同様、ポジティブな状態をよりよくするため、という意図でつけられた名称です。

すなわち、ポジティブ・コンピューティングとは「心理的well-beingと人間の潜在能力を高めるテクノロジーの設計および開発」であると、シドニー大学でソフトウェア・エンジニアリングを研究するラファエル・カルヴォ教授が自著『ウェルビーイングの設計論』のなかで述べています。

具体的には、例えば、感謝アプリのようなソフトウェアや情報テクノロジーのようなものの設計・開発です。つまり、感謝すると人々の幸福度は高まることがわかっているので、感謝アプリをつくって感謝してもらう、あるいは感謝ポイントを貯めてもらうなど、人々が幸せになる活動を支援するためのテクノロジーを設計・開発することがこれにあたります。

ポジティブかつウェルビーイングになるためのコンピュータ・テクノロジーという分野は、今後伸びていく産業だと考えられます。

また、コンピュータ・テクノロジーよりも広い分野を対象とした、「ウェルビーイングを陽に考慮したシステムデザイン方法論」（前野隆司、前野マドカ、保井俊之、日本システムデザイン学会二〇二一年論文）という私たちの研究があります。

ポジティブ・コンピューティングはデジタルテクノロジーの分野に特化していましたが、

こちらはアナログ技術も含みます。例えば、椅子をデザインする際に、座ると思わず感謝したくなるような椅子をつくることができれば、その製品によって幸せは増加します。何か人工物にウェルビーイングになる種を埋め込むことは可能だと思います。

ウェルビーイングを明示的に考慮したデザインを考える際にヒントとなるナッジ(nudge)という考え方があります。ナッジは本来「ちょっと肘《ひじ》でつつく」という意味です。転じて、思わず行動してしまうような仕掛けを設けておくことを指し、行動経済学の分野で研究されています。

このため、モノ、道具、施設を問わず、思いもよらない幸せになるナッジの仕掛けをこっそり施しておけば、使った人が幸せになってしまうような効果を上げることができると考えられます。

例えば、エレベーターを使わずに階段を使ってほしいというときは、階段を踏むたびにドレミの音階が鳴る階段にすれば、おもしろがって階段を使う人が増え、それによって運動不足の解消にもつながります。

このように、普通の行動を、少しの仕掛けで思わずやりたくなるものに変え、その行動を促進させることをナッジといいます。「ウェルビーイングを陽に考慮したデザイン」は、ナッジの幸せへの応用だといえるでしょう。

このような発想をすると、製品、サービス、地域、コミュニティー、職場など、幸福度を高めるウェルビーイング産業が広がる余地は無限に広がっているということができます。

ウェルビーイングを陽に考慮した設計事例

また椅子の例ですが、高知県の佐川町では、前町長のときに「幸せ会議」という活動を行うなど、町民が皆で幸せについて話し合う場を設けていました。住民たちの幸せな成果物の一例として、住民たちが設計しつくったベンチがあります。

このベンチは見晴らしのよい場所に置かれています。しかもおもしろいことにこのベンチの背もたれは人が寝そべった形をしていて、このベンチに寝転がると、添い寝をしているかのようになります。

このベンチ、仕上がりは上手ではないかもしれませんが、手づくり感がすごいのです。町を訪れた人がこれに座って休憩すると、おもしろい椅子だと会話も弾むわけです。町にはフアブラボ風の作業所があり、工作機械もあるので、みなでワイワイ楽しみながらつくり、そのつくったモノが町のシンボルになるのです。

住民にとってはやりがいになり、観光客にとってはおもしろい町となる。これも広い意味でのナッジといえるでしょう。

みなで工夫して、「住めば住むほど幸せになる町」という設計ができている一つの例です。もちろん、ベンチだけではなくさまざまなモノがつくられています。

前述した東京都港区「芝の家」も幸せになっていく仕組みです。慶應義塾大学と港区のタイアップでつくられた場で、人々が集う仕掛けになるように縁側がつくられています。ただ縁側のある部屋をつくり、管理人を置いて炊事などもできるようにしているのです。

次第に近所のおじいちゃん、おばあちゃんが集まるようになり、子どもたちも学校帰りに寄って宿題などをしたりするようになりました。そして毎週木曜日は、おじいちゃん、おばあちゃんが一緒にご飯を食べる日となると、「今日はあのおばあちゃんが来なかった」といっておにぎりを持っていくなど、地域の見守りを推進する場にもなったのです。

地域外の人も遊びに来るようになって地域間交流が進んだ「行けば行くほど幸せになるコ

ミュニティスペース」です。よい町をつくりたいという人が見学に来るので、ノウハウを伝授してそれが日本中に広まるという、みなが幸せになる仕組みがうまく組み込まれている場づくりの例だといえるでしょう。もはやナッジ（肘でつつく）というよりも、両手でゆっくり背中を押すくらいの事例ですね。

また、私は積水ハウスと「住めば住むほど幸せ住まい」という共同研究をしています。幸せな家の条件をメンバー全員で考え、徹底したアイデア出しを行います。例えば、感謝したくなるようなキッチン、夢を育み目標に向けて成長したくなるような子ども部屋、誰もがほっとできるリビングなど、さまざまなアイデアを出してそれを実際の家づくりに適用しようとしています。

近い将来に、積水ハウスの家を買うと、住んでいるうちにどんどん幸せになっていくような設計も出てくるでしょう。

さらには、ロッテアイスとデザイン事務所 nosigner と電通、それに私の共同開発で、座れば座るほど幸せになるベンチをつくりました。

人は、上を向くと心が開放的になって幸せになるということがわかっています。では、べンチに座ると自動的に上を向いてしまうベンチをつくろうというユーモア溢れる提案です。ロッテアイスの「爽」というアイスクリームの販売促進でつくった「爽ハッピーベンチ」というものですが、これも幸せになる仕組みを組み込んだ例といえるでしょう。

また、ポーラも「しあわせ研究所」を作り、美容と美しさと幸せの関係についての研究を進めており、私たちも協力しています。

ウェルビーイングの構成要素を用いた教育の例も紹介しましょう。

一般社団法人ティーチャーズ・イニシアティブの活動に参加した小中高の先生と一緒に開発し、いま埼玉県横瀬町の小中学校や、広島叡知学園という広島県の中高一貫校などで使ってもらっています。

「幸せ応援シート」と名づけたもので、まず、この四葉のクローバーの葉のなかに幸せの四つの因子、「夢や目標」「感謝していること」「なんとかなると頑張っていること」「自分らしく個性を活かしてやっていること」を、それぞれたくさん書き込みます（図表19）。書き込んだあと、班のなかや友達に回してカラフルなペンでメッセージを加え、応援し合います。

このシートを埋めれば、夢や目標や幸せなことが言葉で表現され、外からも「あなたなら

図表19　しあわせ応援シート

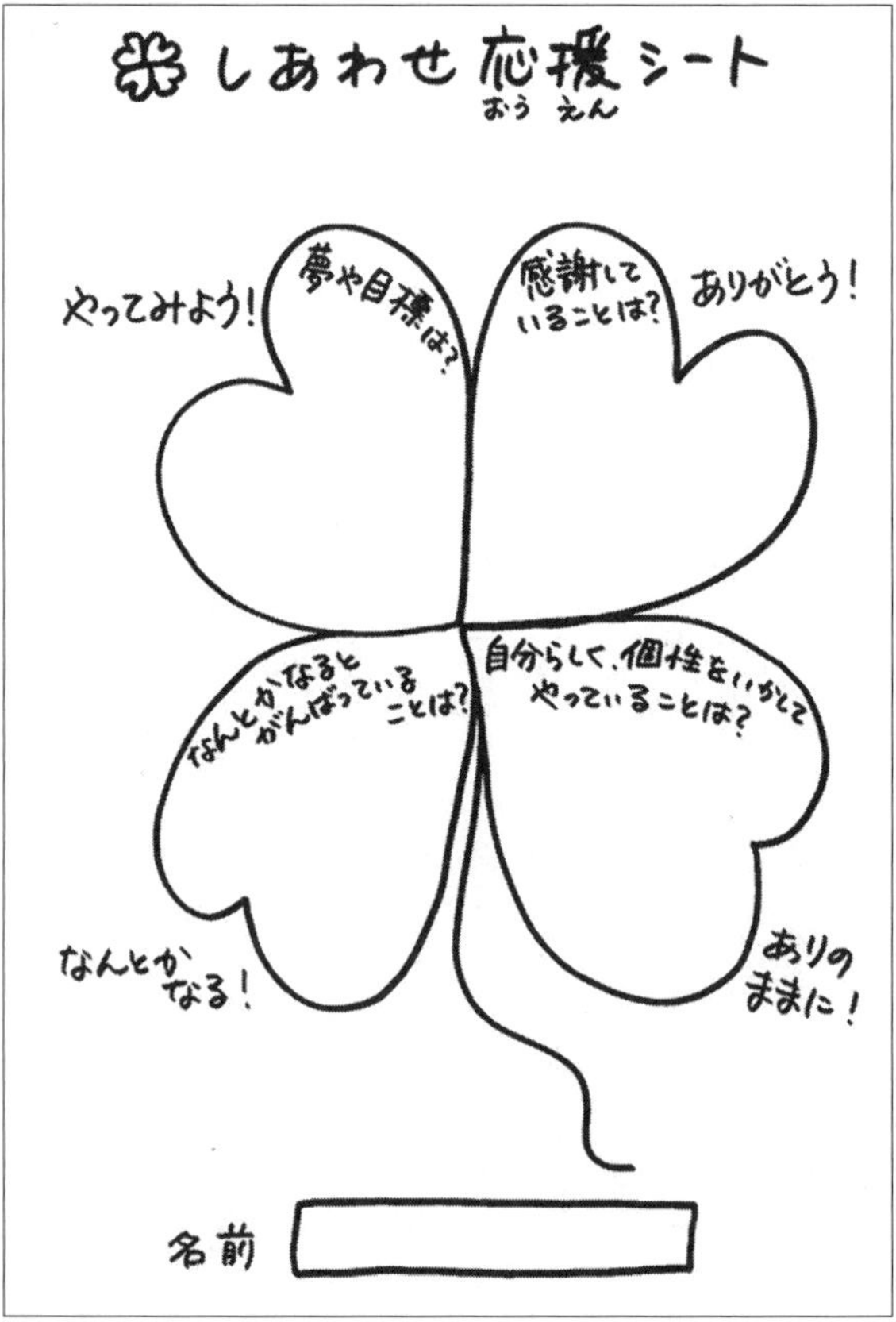

その夢はかなうよ」「やさしいね」と、書いたことへの応援をしてもらえているので、児童や生徒が幸せになる仕組みです。総合的学習の時間や道徳の時間に教える一つのテーマになっています。

また、「ウェルビーイングを陽に考慮したシステムデザイン方法論」を実践する場のひとつとして「ウェルビーイングデザイン研究会」を立ち上げ、二カ月に一度ミーティングをしています。方法論のコンセプトである「使えば使うほど幸せになる〇〇」を実現し、世界中の生きとし生けるものが幸せになるものを生み出そうとしています。

モノ、施設、環境を問わず、さまざまなものに幸せの仕組みを組み込んで、ウェルビーイング産業を次々につくりたいと考えています。すでに一〇〇人以上の参加者が集まり、活動を進めているところです。

オンラインサロンとダイアログ・カード

私が行ってきた別の事例も紹介しましょう。

まず、オンラインサロン「ウェルビーイング大学」という活動があります。

もともと私の所属する大学院に医学部精神科出身の学生がいました。彼は、オンラインサロンによって交流が促進されると人々は幸せになるのではないか、という仮説にもとづく研究を行っており、その一環として、オンラインサロン「ウェルビーイング大学」をつくりました。参加費を月額二〇〇〇円と安く設定し、現在約二〇〇人の会員が活動しています。

内容としては、私の授業や、学生（会員）による研究発表があるのみならず、部活動として、論文読む部やサウナ部、婚活部などさまざまな活動があります。クラス活動も行っています。すなわち、つながりとやりがいを感じるような幸せな活動をみなで追求しています。

本来は社会実験の場なのですが、会員たちはみんな仲よくなり、港区「芝の家」同様、人々がつながって幸せになる仕組みの一つとして機能しています。

私にとってはプロボノ（専門性を活かした社会貢献）を行っている感覚で、教育、研究、部活を活発化するための秘訣など、大学教員としてのノウハウをオンラインサロンというバーチャル大学で提供しているわけです。実際に幸福度を計測してみたところ、参加者の幸福度はぐんぐん上がっています。

「ウェルビーイング・ダイアログ・カード」のコミュニティー運営も行っています。幸福学にもとづいて設計されたトランプのようなカードで、スペード、ハートなど四つの種類のカードを幸せの四因子に置き換えています。

スペードが「やってみよう」因子、ハートが「ありがとう」因子、クラブが「なんとかなる」因子、ダイヤが「ありのままに」因子となっていて、それぞれに各因子に関する問いが一三個ずつ書かれています。

例えば「やってみよう」因子では、やりがいや強み、自己肯定感、夢や目標など、「やってみよう」因子に関係することが明らかになっている設問、すなわち、「夢や目標は何か」「やりがいを感じることは何か」など、自分をポジティブに捉えるためにやってみようと思うことを問うています。

これらの問いは、不幸せと感じている人には答えにくい問いかもしれません。しかし、この設問に対する回答をグループで話し合っているうちに、最初は設問に答えられなかった人も、メンバーの多様な回答がヒントになったり、何かを思い出したりする結果として、徐々に回答できるようになります。この過程を通して幸福度が高まっていくカードなのです。つまり、使えば使うほど幸せになるカードです。

このカードは、カードの形をしていますが、単なるカードではなくコミュニティーとして使用者が幸せになっていくことを目指しているものです。このため、購入制ではなくメンバーシップ制のコミュニティー運営という形を取っています。

また、メンバーのためにファシリテーターを認定する講座も設けています。実際にファシリテーターになった人の幸福度を見ると抜群に上がっています。認定ファシリテーターは、このカードを営利・非営利の活動で使える資格でもあるのですが、実際には、幸せについて学び、幸せになっていくことを目指す上級版コミュニティーとなっています。

ウェルビーイング大学はさまざまな学びを会得する総合大学のようなコミュニティーでしたが、このダイアログ・カードコミュニティーは、カードに書かれた幸せに関する五二の問いについて考え、話し合うことによって、幸せについて学べる活動です。すでに数百人が会員になっています。

「はたらく幸せ」についての研究会

「はたらく幸せ研究会」は、一般社団法人ウェルビーイングデザインが主宰している研究会です。先に紹介した、働く人の幸せ七因子と不幸せの七因子という診断をベースに、働く人が幸せになるような職場づくりについての活動を行っています。

一、二カ月に一回会合を開いて、分科会というかたちでさまざまな活動に取り組んでいます。人は、テーマを決めてそれに向かって活動すると幸せになるということがわかっていますが、この活動は、さまざまな職場に勤務する者がアイデアを出し合って幸せな職場づくりを促進する活動です。研究の一環ですので、会費は月額一〇〇〇円、一年で一万二〇〇〇円と、安価な非営利的活動として実施しています。

コーチングの会社であるウエイクアップの経営者、島村仗志氏と私が共同代表というかたちで立ち上げた「みんなで幸せでい続ける経営研究会」という活動もあります。

こちらは、大企業十数社と一緒に毎月みなで活動したことをシェアし合ったり、分科会活動をしたり、幸せな職場についての優れた事例を聞いて学ぶなどの活動です。

「はたらく幸せ研究会」と似ているようにも思えますが、「はたらく幸せ研究会」は原則として個人での参加であるのに対して、こちらは社員の幸福に対して影響力のある大企業の役員や人事部長といった役職者の参加を求めていて、日本を代表する大企業が幸福度を高める活動を行うことを促進するものです。

同様な活動に、日本経済新聞と公益財団法人 Well-Being for Planet Earth が立ち上げた「日本版 Well-being Initiative」があります。

本イニシアチブでは、Well-being を測定する新指標開発やウェルビーイング経営の推進、政府・国際機関への提言、Well-being をSDGsに続く世界的な政策目標に掲げることを目指しています。

また、幸せな会社を評する活動としては、元法政大学教授の坂本光司氏が行っている「日本でいちばん大切にしたい会社」大賞、天外伺朗氏らが行っているホワイト企業大賞、Great Place to Work が行っている「働きがいのある会社」ランキングなどがあります。

「つながり社会」を目指すNPO法人

NPO法人と一緒に行っている活動もあります。「幸せなコミュニティー研究会」です。「CRファクトリー」という、「つながり」と「コミュニティー」を強化して幸せな社会をつくることを役割とするNPO法人です。

もともと優良なNPOを支援する活動をしている団体なのですが、この「CRファクトリー」の呉哲煥代表と、上智大学で行動経済学を研究し、「コミュニティキャピタル診断」を行っている川西諭教授と私が共同で立ち上げた研究会です。

参加しているNPOの一つに「こまちぷらす」があります。こちらは「子育てをまちでプラスに」を合言葉に、子育てが町の力で豊かになる社会を目指すNPOの活動です。子育てで孤軍奮闘する母親を助け、町ぐるみで子育てに参加して母親の孤立感を弱め、社会参加を促しています。

また、「マドレボニータ」は、出産後の母親の心と身体のためのエクササイズやセルフケアのプログラムを提供するNPO法人です。

母となった女性が、産後の養生とリハビリに取り組み、本来持っている力を発揮できる社会の実現を目指す、としています。ホームページには、「すべての家族が育児を健やかにスタートできる社会に」と謳われています。

「コモンビート」というNPOは、表現活動を通して自分らしく、たくましく生きる個人を増やし、多様な価値観を認め合える社会の実現を目指す団体です。活動の一例を挙げれば、一〇〇人が一〇〇日間で「コモンビート」というミュージカルをつくり、演じる、というものがあります。壮大でやりがいに満ちた活動だと思います。

ちなみにコモンビートという名の意味は、「誰もが同じ心臓の鼓動を持つ、だから世界中の人が仲よくなれる」というメッセージです。

「チャリティーサンタ」という活動もあります。その名の通り、みなでサンタクロースになって小さな子どもにクリスマスプレゼントを届ける活動をしているNPOです。

また、「サンタ活動」によって得た寄付金で、困難な状況に追い込まれている世界中の子どもたちの支援をするチャリティー活動も同時に行っています。つまり、日本と世界の両方の子どもに支援の手を差し伸べる活動になっているのです。

そのほかにも、「奇跡の一本松」で有名な岩手県陸前高田市で、キャリア教育や地域おこしを実践している震災復興NPO法人SETなど、幸せな社会をつくるための非営利活動に励む人たちがたくさんいます。

本研究会では、港区「芝の家」を開設した東京都市大学の坂倉杏介教授や「幸せなデザイン」の叡啓大学保井俊之教授らにも参加してもらい、企業版ではなくNPO版の幸せなコミユニティーのあり方について研究したり活動したりしています。

幸せシンポジウム

ウェルビーイングに関する活動を行っている人々が一堂に会する「shiawase シンポジウム」を二〇一七年から毎年三月二〇日前後に開いています。コーチングの平本あきお氏と私が発起人となって始めたもので、最初は「shiawase2.0」という名前でした。慶應義塾大学三田キャンパスや武蔵野大学有明キャンパスで開催していましたが、二〇二一年は新型コロナの影響もあってオンライン開催でした。

三月二〇日というのは国連が定めた国際幸福デー（International day of happiness）で、前述の「世界幸福度調査（World Happiness Report）」が発表される日でもあります。そこで、私たちは、国際幸福デーに合わせてシンポジウムを開いています。

二〇二二年は三月一九日から三日間の開催で、基調講演は、慶應義塾大学医学部で医療におけるウェルビーイングを進める宮田裕章教授、サンリオエンターテイメント社長の小巻亜矢氏、早稲田大学ラグビー部監督だった中竹竜二氏、片付けコンサルタントこんまりさんの夫である川原卓巳氏、僧侶のネルケ無方氏、ユニリーバ・ジャパン・ホールディングス取締役の島田由香氏、そしてカルビーの常務執行役員でCHROの武田雅子氏と多士済々です。共同代表は武蔵野大学の西本照真学長と前野隆司が担当しています。

基調講演以外にも、コーチングや幸せに関連するワークショップなど、一〇〇前後のイベントや出し物がオンラインとオンサイト（武蔵野大学）で開催される予定です（本書執筆現在）。

二〇二一年は参加者が延べ五〇〇〇人に達しました。お祭りのように楽しみながらウェルビーイングの啓発活動を行うとともに、参加した人々のウェルビーイングを高めようとする活動です。

近年では、この幸福デーの活動と、アースデイ（四月二二日）、ピースデー（九月二一日）との連携活動として、毎月第二日曜日の午前一〇時から一一時まで東京・渋谷のラジオで「幸福デー・アースデイ・ピースデー」と題したFMラジオ番組を放送しています。

このように、オンラインサロンから大規模イベントまで、さまざまなかたちで幸せについて学び、高め合う活動を行なっています。

その他の活動

幸せシンポジウムに顔を出していただくとわかりますが、さまざまな方が、ウェルビーイングに関連した多様な活動を行っています。

企業や組織のためのウェルビーイングのコンサルティング・研修。コーチングやカウンセリング。マインドフルネスや心理的安全性の活動。ポジティブ心理学やウェルビーイング&ハピネスの啓発活動。各種講演会・講習会やオンライン講座、経営塾、勉強会。記事、ブログ、noteなどの情報発信・共有。

私たちもwell-beingというフェイスブックグループを運営しています。またvoicyで「前野夫妻の幸福学TIPS」という情報提供を行っています。

日々、アップデートされるウェルビーイング情報をぜひウォッチングし、ウェルビーイングあふれる毎日をお過ごしください。また、アイデア次第で、活動の可能性は広がっていくでしょう。皆さんも、ご自身と周りの人々の幸せを第一に考え、創造性を働かせて、皆が幸せになっていく活動を、ぜひ行ってみてください。

おわりに――ウェルビーイングの未来

時代

新型コロナは時代変化を加速しました。経済成長第一の時代から、ウェルビーイング第一の時代へのパラダイムシフトを。

現代はＶＵＣＡ（「変動性（Volatility）」「不確実性（Uncertainty）」「複雑性（Complexity）」「曖昧性（Ambiguity）」）の時代といわれます。つまり、もともと先の見えない変動期だといわれていました。新型コロナによって、さらに先が読めなくなりました。今後、大きな時代変化が進むでしょう。

古きものは退場するというような痛みも伴わざるを得ない激動の時代が到来するのではないでしょうか。米国のトランプ大統領の登場や中国の勢力増大、英国のＥＵ離脱など、自国第一主義、民族主義、保守主義などへの揺り戻しも見られますが、SDGsやESGといったウェルビーイングを重視する動きも出てきています。つまり、現代とは、保守的なものから革新的なものまで、さまざまな考え方が噴出する混迷期であるといえるでしょう。

では、どちらに向かうのでしょうか。第1章で述べたように、歴史は繰り返します。時代は大きくウェルビーイングの時代へと動く、と私は確信しています。狩猟採集時代以来の大きな歴史・文化にも学びつつ、最先端科学技術も援用しながら、ウェルビーイングを第一に世界が回っていく時代です。

研究面

これまで通り、心理学的・統計学的なウェルビーイング研究は今後も活発化していくでしょう。「何がウェルビーイングに寄与するか」については、一九八〇年代以来四〇年間の研究によって、すでに多くのことがわかってきました。

その研究成果をもとに、今後は地域差の研究、ネットワーク分析の研究、バイタルデータやインターネットデータの利用、AIの援用による研究、さらには遺伝子工学、脳神経科学、医療福祉技術との融合やバイオテクノロジーの活用というように、さまざまな学問分野でウェルビーイング研究が進展していくと考えられます。

理想的には、細分化に向かっていた学問の一部が、ウェルビーイングという人類の共通目標に向けて、統合に向かうべきでしょう。

もちろん、狭く深く専門性を極める研究は極めて重要であり、これからもそれらはさまざまな分野で進展すべきですが、同時に、総合的・統合的に全体の統合を目指す学問の流れが出てくるべきでしょう。一つの事例として、ウェルビーイング学会が二〇二一年一二月に発足しました。

このような、ウェルビーイングを中心に据えた各学問分野の再構築が行われるべきですし、実際に行われていくでしょう。

産業面

健康産業の拡張版として、ウェルビーイング産業がさらに進展していくと思われます。身体という実態のあるものは目に見えて測りやすいので、これまで、健康増進につながる産業の発展が進みました。

それに対し心は、脳を解剖してもなかなか把握できず測りにくいものでした。このため、心の科学は身体の科学に比べると進展が遅れていましたが、近年になって次々と脳機能の詳細が解明されるなど、さまざまな研究が進展しました。よりよい心の状態という意味での心の健康産業も、これから急速に進展していくものと思われます。

産業界では、いま幸せな働き方が脚光を浴びていますが、今後は人々のウェルビーイングを第一に考えた「ものづくり（製造業）」「ことづくり（サービス業）」「人づくり（教育）」「家庭づくり」「町づくり」など、広い意味でのウェルビーイング産業が大きく進展すると考えられます。

私は、すべての産業がウェルビーイング産業になるべきだと思っています。なぜなら、日本国憲法の幸福追求権を参照するまでもなく、すべての人は生まれてきたからには幸せに生きるべきだと思うからです。そもそもすべての産業は本来すべての人のウェルビーイングのための産業であるべきなのです。ですから、今後は全産業がウェルビーイングを陽に考慮した真のウェルビーイング産業に移行していくべきだと思うのです。

大袈裟にいえば（本当は大袈裟ではなく本気ですが）、すべての産業はウェルビーイング産業になるべきですから、ウェルビーイング産業の市場規模は、理論的には世界のGDPに匹敵するというべきでしょう。

現代は、健康長寿の時代です。人類は、人類史上最高に健康長寿です。これからの時代は、人類史上最高に幸せな時代になると思います。健康長寿のための健康産業が拡張し、皆が幸せで健康長寿に生き生きとしている世界を目指すウェルビーイング産業が、学術研究と並行して進展するからです。

ただし、もう少しクールに分析すると、私が予想するすばらしい世界が到来するかどうか、現在は正念場というべきかもしれません。

自分だけ、自国だけよければよいという勢力が勢いを増せば、自国中心主義の争いや環境破壊が進み、世界が痛めつけ合う最悪のシナリオにもなり得ます。そうではなく、みながウェルビーイングを目指す幸せなシナリオに向かうというのが私の考えであり、願いです。

どちらに向かうのか。いま人類は選択を迫られているというべきでしょう。私たちの未来は、私たち次第なのです。

進展と隆盛

現在、身体の健康に関する技術は凄まじい広さと深さを見せています。一方で、心の健康や幸せについての技術はまだまだ萌芽的な段階にあります。とはいえ、今後、脳と遺伝子と身体の関係についてのさまざまな研究は、これまで以上に進展していくことでしょう。「二十一世紀は心の時代」ともいわれます。まさにウェルビーイングの時代です。心の病の多くも次々に科学的に解明され、治療法が精緻化していくことでしょう。健康で健全と思われていた人々の心の状態も、精緻に分析され、「あなたはもっとこうしたほうがいいよ」という助言がこれまでにないほど複合的に行われるようになると思われます。

もちろん、それは「やってみよう」と思う主体性や自己決定の推進、「ありがとう」と思う豊かな人間関係の構築、「なんとかなる」と人々がチャレンジするマインドの醸成、「ありのままに」個性を高めていく自分らしさの開花といった、人間らしさの向上や心の成熟を目指すものになるのです。

例えば町づくり一つを取ってみても、ウェルビーイング中心の町づくりが進展するでしょう。いろいろなアイデアで、世界をウェルビーイングな社会に変えていくことが必要です。

町中にある監視カメラを例に挙げれば、何もかも見透かされているようで気味が悪く物騒なものにも思えます。しかし、発想を転換して、町中のカメラが人々の幸せを計測して「いま渋谷は幸せ度が高い」といった情報を提供するものに進化した世界を想像してみてください。監視カメラは幸せカメラになります。

このようにテクノロジーの進展によって、やりがいやつながり、楽観性や楽しさといったものを測ることができるようになり得るのです。

もちろん不気味な管理社会にならないための注意は必要ですが、私は、個人の画像情報を適切に管理し、個人番号によって個人のセキュリティを適切に確保すれば、個人情報を開示しながら人々が自由かつ幸せになっていくことは可能だと思います。

人間は何をすべきか——来た時よりも美しく

SFのように便利になった世界で、人間は何をするのでしょうか。ウェルビーイングがコンピュータによってコントロールされた世界は、競争もなくコンピュータに管理される、人間味のない世界なのではないかという人もいます。しかし私は、コンピュータやAIに守られた安心・安全な世界とは、人間が感性と個性と創造性をもっと活かせる社会だと思うのです。

茶道や書道、武道の達人は、鋭く感性を研ぎ澄ませています。ウェルビーイングな世界とは、地球人類がみな茶道や書道、武道――もちろん漫画道やオタク道、研究道、仕事道、そしてあらゆる〇〇道も含みます――の達人になるような世界だと思います。皆がみなの個性を尊重し、そのポテンシャルを信じ、活かし、人間性の高みを目指して感性を研ぎ澄ます世界です。

ＡＩに仕事を奪われる、という人もいます。たしかに、単純作業は全部ＡＩやロボットに仕事を奪われることになるでしょう。

だからこそ、人間は、ＡＩにはできないような人間性の高みを目指すべきなのです。人類がみな、思索したり、アートしたり、スポーツしたりして、人間性を競う達人になるべきなのです。

これまで私は研究の一環としてさまざまな達人に接してきました（例えば、「日本の美と技の未来」や「お坊さん、教えて！」の YouTube 動画を見てください）が、達人は口を揃えていいます。「私はまだまだ。道は続きます」と。謙虚です。

言い換えれば、すでに人間性を研ぎ澄ました達人たちは、人間のポテンシャルの凄まじさを知っているのです。極めても極めても、さらに上がある。すべての人は、すばらしいポテンシャルを持っていて、それを伸ばせば、一億人が一億通りの達人になれるのです。単純作業や画一的な作業はＡＩに任せ、人間は感性・個性・創造性を想像もできないくらい伸ばしていくことができるのです。道は続きます。人間の可能性は無限大です。

だから、ウェルビーイング第一の世界とは、退屈な世界ではありません。逆です。人類がかつてないほど、感性・個性・創造性を磨き続け、ウェルビーイングを追求する時代です。人間はより人間らしく、よりよいあり方、つまりウェルビーイングを目指して生きていくことができる時代になるのです。

いやいや、理想主義はわかるけれども、自国中心主義・自分中心主義が蔓延《はびこ》る現代社会において、理想通りにはならないだろう、という意見もあるでしょう。私はそうは思いません。

みなさんは、争いと環境破壊への道を選びますか、そうではなく、テクノロジーを活かして地球と人類が幸せになる道を選びますか。現代とは、人類全員が存亡をかけた選択を迫られている時代です。

前者を選ぼうとしている国や企業のリーダーたちには、ぜひ本書を読んでいただきたいと思います。自分だけ勝って、どうするのですか。他人に嫌がられることが嬉しいですか。私には自分中心主義を選択する無学をまったく理解できません。自分中心主義は非合理的です。

ウェルビーイングの学問を学べば、社会のために貢献し、多様な人と信じ合って、多様性を信じて生きるほうが幸せであることは自明です。本書のなかで、研究結果についても、実践例についても述べてきた通りです。

みなさんも、人類史の重大局面に対し、高みの見物をしている場合ではありません。私たちは全員、グレタ・トゥンベリさんなのです。地球人全員が、自分のやり方で、行動を起こすべきときなのです。

本書には、そのための研究結果とやり方をすべて述べました。つまり、ウェルビーイングとは何かを知り、ウェルビーイングと何が関係するかも知り、ウェルビーイングな人とは利他的で視野が広く社会のために貢献する人だと知り、ウェルビーイングな世界を陽に構築するための方法を知ることができたはずです。

では、これから私たちが行うべきことは何でしょう。自明です。行動することです。尊敬する田口一成さんが「人格塾」での私との対談（YouTube 第一回人格塾対談―田口一成×前野隆司〈二〇二〇年五月一八日開催〉）の際におっしゃっていた言葉を思い出します。

「来たときよりも美しく」。

もともとは「どこかを訪ねたときには、来たときよりも美しくして帰るというくらいの心構えと気配りが大切だよ」という教訓を表す表現です。田口さんは、これを人生の教訓にすべきだとおっしゃいます。

何の因果か、この世界に私たちは生を受けました。ありがたいことです。たまたま、現代という世界に生まれてきました。奇跡的なことです。だったら、生まれてきたときよりも、この世界を美しくしてから、この世を去っていこうではありませんか。そういう意味です。

いかがでしょうか。私は心から賛同します。これから一〇〇年後、一〇〇〇年後の子孫のために、この美しい地球を、美しい地球として残そうではありませんか。私たち人類が、一〇〇〇年後の子孫に恥じないような、俯瞰的な視野を持ち、みんなのことを考え、そのためにそれぞれが小さな一歩を踏み出す世代であろうではありませんか。

政治体制がどうであろうと、社会課題が蓄積されていようと、勝手な人が一部にいようと、それらに囚われるべきではありません。私たちの決意が世界を動かします。私たち自身が行動すべき時代なのです。私たちの小さな行動で世界を変えられる時代なのです。

自分のウェルビーイング、周りの仲間のウェルビーイング、地球のウェルビーイング、未来のみなのウェルビーイングにまで視野を広げ、みんなでみなの幸せのために行動しようではありませんか。

多くの方が、「本書で『ウェルビーイング』についての基本がわかってよかった、ああ、ビジネスで活かせる」という読後感ではなく、「よーし、私も二〇万年人類の一員として、来たときよりも美しい世界をつくるために人生を使うぞ。二〇万年後の人類のために」という志を持たれることを願います。そして、心から願っています、あなたの人生がウェルビーイングに満ちたものであることを。

本書はたくさんの方のご協力なしには完成し得ませんでした。「ウェルビーイング」について網羅的に解説する書だけに、多くの方のウェルビーイングに支えられて本書は完成しました。作成に何らかの形で関わってくださったすべての方々に感謝しています。日経BP日本経済新聞出版本部の堀口祐介さん、編集協力の木田恒さん、ありがとうございました。すばらしい仕事ぶりでした。

本書に登壇してくださった数々のウェルビーイング革命家・運動家・行動者の皆さん、ありがとうございました。尊敬しています。本書に登場した活動に関わってくださっている仲間のみなさん、みなさんのおかげでいまの私たちはあります。幸せです。ありがとうございます。

そして、読者のみなさん、ありがとうございます。心から祈っています。つくり手から読み手まで、本書に関わったすべての方々が、ウェルビーイングに溢れた人生を、一歩ずつ、歩んでいけますように。苦しいときも、晴れの日も、ウェルビーイングについて考えることが、あなたの人生をより豊かなものにしますように。ウェルビーイング・ファースト。すべての人が、すべての人のウェルビーイングを第一に考える世界が実現できますように。心から願っています。

そして、本書で何度も述べてきましたように、このコンパクトな本にウェルビーイングな世界を創造するための基本情報は詰まっています。あとは行動あるのみです。すべての人が、すべての人のためのウェルビーイングの一歩を踏み出せますように。みんなの小さな一歩が、大きな人類の歩みにつながりますように。

さらに学びたい方のためのブックガイド

本書で述べた内容とも関連づけながら、ウェルビーイングについてさらに学びたい方のためのブックガイドを掲載します。

◆大石繁宏『幸せを科学する――心理学からわかったこと』新曜社、二〇〇九年
主観的ウェルビーイング研究の第一人者の一人である、バージニア大学の大石教授の書籍です。心理学分野における主観的ウェルビーイング研究の全体像について学ぶための良書です。

◆内田由紀子『これからの幸福について――文化的幸福観のすすめ』新曜社、二〇二〇年
文化心理学の研究者で、ウェルビーイングについての研究も多い、京都大学の内田先生の本です。文化と幸福に関する最近の研究について総括しています。内田先生の研究については本書の76ページで述べています。

◆ラファエル・A・カルヴォ&ドリアン・ピーターズ（著）、渡邊淳司、ドミニク・チェン（監訳）『ウェルビーイングの設計論――人がよりよく生きるための情報技術』ビー・エヌ・エヌ新社、二〇一七年

英文題名は、Positive Computing。本書の202ページなどで引用した、ウェルビーイングを考慮したアプリケーションやソフトウェアの設計論について書かれた本です。ウェルビーイングのさまざまな分類（本書50ページ）についても述べられています。

◆広井良典『人口減少社会のデザイン』東洋経済新報社、二〇一九年

本書の30ページ「人口増加と定常化のサイクル」の項で述べた、経済成長期と定常期という人類史上のサイクルについて述べられています。また、シミュレーションの結果得られた未来シナリオなど、興味深い結果が掲載されています。

◆ラーシュ・トーンスタム『老年的超越――歳を重ねる幸福感の世界』晃洋書房、二〇一七年

本書の84ページで述べた「老年的超越」という概念について述べられています。近代的な価値観では老化は衰えと考えられがちでしたが、本書では老いを新しいステージへの価値観の変容と成熟した世界観の形成と捉え直す本概念について詳しく述べられています。

◆マーティン・セリグマン『ポジティブ心理学の挑戦――〝幸福〟から〝持続的幸福〟へ』ディスカヴァ

ートゥエンティワン、二〇一四年
　ポジティブ心理学の第一人者であるマーティン・セリグマンによるポジティブ心理学（本書65ページ参照）の解説書です。

◆塚越寛『末広がりのいい会社をつくる――人も社会も幸せになる年輪経営』サンクチュアリ出版、二〇一九年
　従業員が幸せに働く会社の代表例の一つといわれる伊那食品工業（本書130ページ参照）について、その会社の発展を経営者として担ってきた塚越寛によって書かれた本です。

◆西泰宏、天外伺朗『人間性尊重型大家族主義経営』内外出版社、二〇一八年
　西精工社長の西泰宏氏とホワイト企業大賞の天外伺朗氏により、従業員が幸せに働く会社の代表例の一つといわれる西精工の人間性尊重型大家族主義経営について書かれた本です（本書135ページ参照）。

◆横田英毅『会社の目的は利益じゃない――誰もやらない「いちばん大切なことを大切にする経営」とは』あさ出版、二〇一三年
　従業員が幸せに働く会社の代表例の一つといわれるネッツトヨタ南国について、その創業者である横田英毅氏によって書かれた本です（本書138ページ参照）。

◆田口一成『9割の社会問題はビジネスで解決できる』PHP研究所、二〇二一年
営利企業が事業として行うことは難しいといわれた社会課題解決に果敢に挑んできた社会企業ボーダレス・ジャパンの創業経営者である田口一成氏による本です（本書146ページ参照）。

◆岡檀『生き心地の良い町――この自殺率の低さには理由《わけ》がある』講談社、二〇一三年
徳島県南部の小さな町、海部町（現海陽町）は全国でも極めて自殺率の低い「自殺〝最〟希少地域」である。この理由についての調査結果をまとめた本です（本書166ページ参照）。

◆ジョン・M・ゴットマン『結婚生活を成功させる七つの原則』第三文明社、二〇〇七年
本書173ページで述べた、結婚生活を成功させるための七つの原則などについて、パートナーシップの幸福研究の第一人者であるジョン・M・ゴッドマン氏により述べられています。

◆ゲーリー・チャップマン『愛を伝える5つの方法』いのちのことば社、二〇〇七年
本書179ページで述べた「愛を伝える5つの方法」などについて、ゲーリー・チャップマン氏により述べられています。

◆前野隆司『幸せのメカニズム――実践・幸福学入門』講談社現代新書、二〇一三年
幸せの四つの因子など、幸せな人の特徴についてさまざまな研究結果をもとに述べた本です。

◆前野隆司『実践・脳を活かす幸福学――無意識の力を伸ばす8つの講義』講談社、二〇一七年
『幸せのメカニズム』では主に幸せな人の条件について述べましたが、こちらの本では、「幸せになるための方法」、すなわち、幸福度を高める介入研究について詳しく述べています。

◆前野隆司『ディストピア禍の新・幸福論』プレジデント社、二〇二二年
二〇二二年に還暦を迎えたのを機会に、これまでの集大成の本を書きました。心はない、自他非分離、無常、無我、無私から世界平和を導きます。本書『ウェルビーイング』のディープな続編としてお読みいただけると幸いです。

著者略歴

前野 隆司（まえの・たかし）

慶應義塾大学大学院システムデザイン・マネジメント（SDM）研究科教授、慶應義塾大学ウェルビーイングリサーチセンター長、一般社団法人ウェルビーイングデザイン代表理事、ウェルビーイング学会会長
東京工業大学卒業、東京工業大学修士課程修了。キヤノン、カリフォルニア大学バークレー校訪問研究員、ハーバード大学訪問教授などを経て現職。博士（工学）。幸福学、幸福経営学、イノベーションなどの研究に従事。『脳はなぜ「心」を作ったのか』『幸せな職場の経営学』『幸せのメカニズム』『ディストピア禍の新・幸福論』など著書多数。

前野 マドカ（まえの・まどか）

EVOL 代表取締役 CEO。慶應義塾大学大学院システムデザイン・マネジメント（SDM）研究科附属システムデザイン・マネジメント（SDM）研究所研究員。国際ポジティブ心理学協会会員
サンフランシスコ大学、アンダーセンコンサルティング（現アクセンチュア）などを経て現職。幸せを広めるワークショップ、コンサルティング、研修活動およびフレームワーク研究・事業展開を行っている。『月曜日が楽しくなる幸せスイッチ』『家族の幸福度を上げる７つのピース』『そのままの私で幸せになれる習慣』（いずれも共著）などの著書がある。

日経文庫 1448

ウェルビーイング

2022年 3月18日　1版1刷
2024年 9月19日　　 11刷

著　者　前野 隆司・前野 マドカ
発行者　中川 ヒロミ
発　行　株式会社日経BP
　　　　日本経済新聞出版
発　売　株式会社日経BPマーケティング
　　　　〒105-8308　東京都港区虎ノ門4-3-12
装　幀　next door design
組　版　マーリンクレイン
印刷・製本　三松堂

ISBN978-4-532-11448-0
Printed in Japan
